打破悶經濟

New Regionalism
Super-national & Sub-national

林佳龍等 · 著

新區域主義的動力學

推薦序（一）

洪德生[*]

　　自 1990 年代以來，受到世界貿易投資自由化及資訊通訊科技發展的影響，全球化已成為世界經濟體系的主要趨勢。大型新興經濟體加入國際競爭，也是促成經濟全球化的重要因素之一。在 1990 年代區域經貿合作蓬勃發展，主要是受到 WTO 多邊談判進程延宕的影響，使得已開發國家紛紛尋求區域化策略，以持續推動貿易自由化。開發中國家也不落人後，漸漸興起區域經貿合作。區域經貿合作逐漸形成經濟全球化另一股不可忽視的新興保護主義，對沒有參與締約的國家，其貿易市場無異將被替代。

　　環顧亞洲鄰近諸國，區域經濟合作快速進展，不論是韓美 FTA、韓歐盟 FTA，或是東協加一、東協加三及中日韓 FTA 談判，在在都威脅東亞地區的出口競爭力。近年來，美國力推「跨太平洋經濟戰略伙伴協定（TPP）」，為美國進入亞太市場創建利基。2012 年政府已宣示台灣將在八年內加入 TPP，且在 2012 年亞太經合會上表示加入東協所提出之「區域全面經濟伙伴關係（RCEP）」的意願。這兩項區域整合倡議均攸關台灣長期經貿發展利益。

　　自 2000 年以來全球化急速發展，中國成為台商布局的主要據點。2008 年 5 月以來，兩岸經濟關係逐步走向正常化、制度化，

---

[*] 台灣經濟研究院院長。

並成功簽署「經濟合作框架協定（ECFA）」，2011 年兩岸 ECFA 正式實施，為台灣開展亞洲區域經濟整合踏出第一步。今（2013）年 7 月台灣紐西蘭經濟合作協議（ANZTEC）簽署，台灣新加坡經濟合作伙伴協議（ASTEP）可望在近期內簽署。這意味著台灣正在加速 FTA 的進展，讓台灣逐步融入區域經濟整合的範疇。

隨著全球化的發展，在國與國之間的經貿合作之外，國際各城市面對各種經濟資源的競爭與合作，莫不加緊腳步，將資訊科技與知識結合運用在城市發展上，以提高城市的在地特色與競爭力。事實上，在全球化與資訊化的時代，城市成為競爭網絡的節點，國家跟國家之間的競爭，其實就是城市與城市之間的競爭。伴隨著區域自由貿易區的發展，次區域合作也以前所未有的速度迅速發展。例如，較具成效的例子是，中日韓三國十個城市為共同促進環黃海地區的發展，在加強城市間政府、企業的合作，實現優勢互補、資源分享已有 20 年的歷史，對推動東亞地區經濟整合扮演了重要的角色。

儘管受到種種因素影響，台灣在推動雙邊 FTA 的進展上已然落後鄰近國家很多，理應在次區域或城市與城市之間的合作上倍加努力才對，但實際上卻進展有限。為突破各種瓶頸障礙，台灣在次區域經濟合作上確有加速迎頭趕上的必要。因此，本書特就鄰近國家和地區之間的次區域經濟合作發展經驗，以及台灣次區域經濟合作的現況、問題及發展戰略，有系統地加以探討。今後如能對台灣在推動東亞地區次區域經濟合作的可行模式持續地加以研究，尤其是在兩岸次區域合作，或兩岸跨次區域合作上，如能發展出一套可行的、創新的合作模式，咸信對兩岸的經濟發展將有所貢獻。

推薦序（二）

張景森[*]

　　近代資本主義的發展早就跨越國界，經由各國口岸城市，伸向各國腹地。這中間曾遭受民族國家經濟及國家社會主義經濟的對抗，但歷史說明，資本主義已經成功的攻佔了全球。在廿世紀後半葉，蘇聯解體、中國改革、社會主義國家瓦解之後，透過商品貿易和全球資本移動，一個以全球為尺度的全球經濟，已然擴張成型，世界各國全都無法避免被捲入資本主義全球化的經濟之中。

　　資本主義的發展的基本規則就是不均等的發展（uneven development），透過集中、分散、再集中的辯證，不斷往前發展。冷戰時期的東西對抗，讓雙方陣營國家的經濟迅速整合，但是很快世界經濟地圖上就明顯區分出來南北國家，不管姓社、姓資，所有落後國家都成為另一個世界：第三世界。六〇年代，冷戰邊緣的亞洲四小龍有機會成為新興發展中國家，八〇年代末，社會主義陣營瓦解之後，中國等人力和天然資源豐厚的金磚四國先後竄起，於是資本主義的世界體系分化得更為複雜。

　　全球經濟的運作表面上是各國平等參與，但是因為各國經濟政治實力並不均等，國際經貿秩序，實質上仍然是由先進國家所主宰。這些先進國家佔據世界分工的高層，擁有頂端的功能，像

---

[*]　前行政院經濟建設委員會副主委。

是國際金融中心、國際貿易中心、先端智識技術研發中心、資訊中心、創意中心、流行中心、話語中心，並透過通訊網路與資訊網路，指揮運作全球各地區的生產、流通、消費活動。本世紀幾次核心國家的金融危機都波及到全球範圍，顯示出全球經濟活動，尤其是金融資本的集中化程度，已經達到空前，傳統的國家功能受到極大的挑戰！！

全球經濟的產生全球性的繁榮，但也產生區域間極大的貧富差距，辯證地也衍生出區域經濟整合的思維，許多國家希望透過各種區域經濟整合的努力，提高各國發展的機會。但由於多邊的國際經濟整合費時又困難，目前只有歐洲算是較成功的例子，相形之下，三邊、雙邊活局部區域的經貿合作就顯得比較容易，所以也逐漸盛行。

尤其是跨國邊境地區，區域經濟合作，也就是本書所說的「次區域經濟」，既可以跳脫參與國家之間的要處理許多政治紛爭、減低全面性經貿合作的巨大工程困難，符合就各方經濟互利的實際需要，漸漸受到重視。

推動次區域經濟合作，對各國而言，也確實有其必要。

因為納入世界分工體系的各個國家，隨著經濟發展，內部國土空間會產生劇烈變化，通常只會形成一個首要都會（primary metropolis），擔任國際循環的樞紐、全球經濟的節點。這個首要都會比較能吸引國際和國家資源的集中，所以往往出現過度肥大、畸形、擁擠的狀況，而首要城市以外的整個國家，都變成為邊陲地帶，資源流失，發展落後，甚至於倒退發展。

以台灣的發展為例，我們所看到的狀況大致就是如此。六〇年代以來，以出口導向工業化的經濟發展模式，造成北台灣的「一極集中」現象，八〇年代以後，中南部傳統工業出走，替代的電

子工業比傳統工業更加集中，雙北以外各地區的經濟、社會、文化機會匱乏，發展停滯，尤其是鄉村、山地、離島地區更形倒退。

　　國家發展失衡產生中心與邊陲兩種區域，造成國家內部的不均等發展，嚴重者會導致國家分裂的政治危機，產生分離主義、或極端的地域政治。而不均等發展也不利國家整體經濟進一步發展，像首都地區的地價房價飛漲，交通擁擠、環境污染、公共設施和公共服務不足，其它地區則收入低落、失業嚴重、資源荒廢、社會瓦解、地方文化式微等代價。

　　區域矛盾越尖銳的國家，區域政策越重要，各國的區域政策的強度事實上是反映國家政治中區域矛盾的嚴重性，所以有所謂「區域問題是政治問題」的說法。尤其是以分區為架構的選舉制度，區域不公、區域發展的問題，永遠會是落後地區的政黨或個人選舉的政治訴求，也恆常會變成國家政治議題中的要項。

　　既然區域問題是重要的政治問題，為了國家的政治整合及經濟合理發展，各國政府多會倡議區域均衡的目標，提出區域政策，甚至擬訂以國家整體發展為目標的「國土開發計畫」。所謂國土計畫首先要確立一個合理的國土空間架構，規劃區域經濟功能布局，然後根據這個計畫、各地區的區位與資源特性，擬定具體的區域發展計畫。有些國家會更明確選定首要城市區域以外的策略成長地區，調動國家的財政資源，加強公共基礎建設或政府投資，或者制訂賦稅優惠或投資補助，獎勵國內外投資，希望能帶動這些落後地區的發展。

　　但是國土計畫的前提是了解國家在全球及區域中的發展定位，國家處理內部區域差距的能力受限於這個全球分工的架構，各區域發展的機會與限制，跟全球化的展望與對策，密不可分。那麼許多國家的邊緣地區，或許可以跨過國境的限制，與周邊國

家的地域經濟整合，帶來新的成長動力，把這些地區，從國家的邊緣，變成次區域經濟的前緣。

　　台灣未來的各區域發展，或許不該跳脫這樣的思維。我們是一個海島國家，並無陸域接壤的鄰國。日治時期，太平洋戰爭時期，日本人就將台灣劃定三大區域，北中南發展三個核心城市，擴充高雄港、計畫台中港，分別要發展東北亞、中國、東南亞的經濟連結，事實上這就是一種宏觀的區域發展戰略。

　　目前我們的處境比較特殊，周邊國家主要是中國，是一個對台灣具有主權意圖的國家，兩岸之間的交往，動不動就會牽涉到主權上的政治困難，經貿合作背後，往往有國家安全的巨大考量，所謂兩岸經濟合作如果以雙邊區域經濟合作的模式來進行，很難切割政治上的對峙與爭執。如果能跳脫國家的範圍，以次區域的概念來推動兩岸的經濟合作，也許可以淡化主權爭議，簡化工程、發展出符合雙方互利的經濟整合模式。當然這樣的提法稍嫌樂觀，是否可行還有待研究，不過本書拋出這個重大的提案，並作了初步的探討，算是是一個重大突破。

目錄

主編序
尋找台灣發展新動力

【Author】林佳龍

現任　　　立法委員、台灣智庫董事長、台灣大台中發展協會理事長。

學經歷　　美國耶魯大學政治學博士、台灣大學政治學碩士。曾任聯合國大學高等研究所訪問研究員、中正大學助理教授、國家安全會議諮詢委員、行政院發言人、行政院新聞局長、國民大會代表、民進黨中央黨部秘書長、總統府副秘書長。

　　　　　主要研究領域為比較民主化、政治經濟學、區域安全、亞太與中國發展等。

主要著作　《兩岸黨國體制與民主發展》、《民族主義與兩岸關係》、《未來中國：退化的極權主義》、《民主到底：公投民主在台灣》、《公投與民主：台灣與世界的對話》、《解開台灣主權密碼》、《零與無限大》、《城市夢想家》。

曾幾何時，「悶」成了台灣經濟的同義詞，即便兩岸經濟合作架構協議（ECFA）和兩岸服務貿易協議先後簽署，台灣的發展仍然看不到一條有希望的出路，就連前副總統蕭萬長、行政院長江宜樺等人也都以「悶

悶經濟！

經濟」來形容馬政府執政下的經濟困境，更別提一般人民的直接感受。而關鍵的問題是，解藥在哪裡？

馬政府給的答案很簡單：自由化加國際化。這很少人反對，但看看馬政府所推出的實際政策，卻是「一切靠中國」。所謂的

馬政府的經濟政策成了「一切靠中國」的不正常開放

自由化與國際化，被扭曲成為「兩岸化」，甚至是「中國化」。這種不正常的開放，從兩岸簽訂 ECFA 以來，已經證明成效不如預期。長此以往，更是不利於台灣競爭力與經貿自主性的提升。台灣不應該只走這樣的路。

我所帶領的台灣智庫，花了很多時間，想找新的出路，本書即是其中的一個嘗試。身為主編，個人有義務把出書的宗旨與背後的思考，向讀者做簡要的報告。

首先是對全球化與區域主義的再思考。從 1990 年代以來，各國間的經貿關係規範，一度從過去的雙邊走向多邊的國際建制，所以有世界貿易組織（WTO）的誕生與運作。但 WTO 後來的多邊談判遇到障礙，無法克服，雙邊的自由貿易協定（FTA）或區域的 FTA，才又盛行了起來，直至今日。

無論是雙邊、區域，還是多邊，台灣身為小型的開放經濟體，都無法置身於外。過去我們花了十年的時間，才好不容易在2001 年加入 WTO。但這顯然還不夠。於是我們又花了很多時間，希望與各主要貿易國家簽訂 FTA。但在北京的全力封鎖下，目前成果有限。最新的發展是，除了與中國已簽訂 ECFA 以外，我們還想加入以美國為首的「跨太平洋戰略經濟伙伴關係協議」（Trans-Pacific Strategic Economic Partnership, TPP）。但我們準備好了嗎？

　　環顧東亞，日本正在積極進行加入 TPP 的談判。以安倍政府加入 TPP 的決心看來，即使有很多內部反對的聲音，不久終將成功加入 TPP。而中國也正評估加入 TPP 的可能。目前總理李克強大力主導在上海成立的「自由貿易試驗區」，就是一個為日後接軌 TPP 的積極準備。李克強不久前甚至直言：「我們要用開放擴大內需，用開放形成倒逼機制，用開放促進新一輪改革。」其決心與氣魄，可見一斑。此外，中國也積極和日本與韓國進行磋商，希望談成中日韓三國的 FTA；並同時計畫和澳洲達成類似協議，當成另一個突破口。

　　相較下，馬英九總統在 2012 年宣示未來 8 年內要加入 TPP，根本緩不濟急，毫無加入的決心，到目前為止，也沒有看到政府積極地與包括農業在內的各個產業界進行準備性的溝通。積極的作法，應是將加入時間縮短到四年內；藉此壓力，進行內部的轉型與準備，激發制度創新。如此，我們日後才能順利融入美日為首的 TPP 區域經濟整合，使國際接軌更順暢。而且，說不定假以時日，兩岸還可以在 ECFA 的基礎上，秉持過去先後加入 WTO的精神，一起參與 TPP，畢竟美國曾經坦言，TPP 最後的目的之

一，是說服占全世界貿易最重要的中國，也能夠納入高品質的區域經濟整合網中，真正落實自由貿易的精神。

回頭看現實面，北京的封鎖，不易克服，除非我們接受「一個中國」之框架。TPP則涉及到美國的亞洲政經戰略佈局，加入的條件也相當嚴苛。個人以為，不妨從全球化下的區域主義來思考出路。簡單說，即是一方面參與全球化的經貿關係，進行全球佈局，但另一方面，以區域主義作為參與及突破的方式，讓兩者相輔相成。設法找到北京不致反對，但我們又有活路的參與全球化之道。

更進一步言，台灣智庫認為全球化與國家內的都會區域集團之發展，未來會成為支配兩岸經濟與社會關係的主規律，也帶來處理兩岸政治議題的創新思考空間。現在的全球化不再以貨品、人員與金錢的跨國移動為主要現象，在TPP／TTIP（Transatlantic Trade and Investment Partnership，美歐目前在談判的貿易協議）所標誌的全球化2.0，還包括法規與制度的整合，並從國際層次重新規範人、社會與國家的關係。

而全球化也帶來諸多圍繞在大都會的區域經濟區的出現，世界正逐漸被這些都會區切割為不同的區域經濟集團，在台灣的發展特別顯著。以這些國家內部的次區域經濟集團為起點思考，才可能掌握到與中交往的經濟與社會脈動的實像。透過從上而下的全球化，與由下而上的區域化的聯合經營，因其可避免敏感的主權爭論，提供一個追求台灣利益與經營兩岸關係的務實空間。

但這要如何落實？就要從台灣的民主化困境談起。歷經民主化的台灣，已是自由、多元又開放的國度，我們深感驕傲。但不容諱言，台灣民主化走到今天，我們的國家機器似乎失去效能，

中央政府集錢又集權，卻無法有效帶領台灣走出經濟困境。換言之，僵化的國家機器與中央體制，已反成我國國際競爭力下滑的原因之一。因此，我們主張，台灣需要進行第二波民主化，重新建構中央與地方的權力關係，充分落實地方自治，讓地方政府有自主性與競爭誘因，才能帶來新的國家經濟發展動能，真正提升國家競爭力。

而此主張之靈感，很諷刺地，其實來自我們的鄰居中國。觀察過去中國三十年的經濟改革開放過程，一個關鍵的成功因素是中央政府利用各地區的經濟差異，透過對各地方政府的放權讓利，鼓勵各區域自行發展經濟，讓中國各區域與國際連結。其所帶來的效果，不只具有國際競爭，還有內部競爭。在雙重競爭下，各地方政府莫不卯足全力拼經濟，注入很大的成長動能。例如中國珠江三角、長江三角、環渤海、大重慶等區域的蓬勃發展，都與這個邏輯有關。台灣與中國的政治體制雖然不同，但就鼓勵地方政府發展經濟而言，中國以各地差異性當做刺激經濟成長動能的發展模式，值得我們參考，不必因為其威權國家體制，就予以全盤否定。

依此思維，今後台灣的經濟發展，要努力朝向區域經濟發展合作模式，以核心城市帶動地方經濟。而這要能實現，有賴各核心市透過選舉競爭，建構與中央政府新的制度性關係，要求中央政府下放規劃權、財政權，讓在地經濟與在地政府結合，由民選市長負起地方發展成敗的責任，接受市民檢驗，做好才能連任。簡言之，要改變目前的台灣的中央與地方之政治關係，才能對現有經濟注入動能。這才是我們思索制度革新與台灣經濟出路之關鍵所在。

這其中，又以現有的六都，最容易扮演以核心城市帶動區域經濟的角色。如能將全台灣分成北、中、南三個區域經濟體，讓六都有機會競逐擔任這三個區域經濟體的核心城市，台灣經濟發展的新動能將湧現。

　　而這個可能性，已在本書各章中，由學者群論證其初步的可行性，而且其中也提供中國既有的現成案例與戰略規劃，可以做我方落實的參考借鏡。例如本書提到的東南亞國協與中國的大湄公河經濟整合，以及東北亞的大圖門江計畫。這些例子都強調「全球在地化」的重要性，透過次區域的活動能量與自主性，更能超越全球化的種種挑戰與競爭。

　　在這個台灣新發展戰略基礎上，兩岸可以走出政治上的零和賽局，從次區域經濟合作，走向兩岸在亞太區域經濟的共同繁榮道路。台灣釋放的新型成長模式及動能，將讓台灣與中國的各大都會區建立創新的合作發展模式，降低國家主權爭議，創造兩岸共同發展的新模式，同時建立連結亞太次區域經濟整合的發展前景。未來若能透過兩岸城市與城市、區域對區域的合作，將有助於彼此各自境內產業的創新合作與升級。同時，透過治理制度的創新合作，更可藉由彼此消費市場的能量，作為開發新興產業的試驗基地。

　　整體而言，藉由兩岸區域之間的經貿合作，可以形成一條跨越海峽兩岸的「跨區產業創新走廊」，以此共同提升兩岸城市與區域在亞太區域的競爭優勢。例如，台中擁有海空雙港的優勢，同時境內又聚集了許多精密機械和高科技產業聚落；在中部科學園區與作為全台灣精密機械產業創新中心與發展重鎮的優勢條件之下，未來若能強化中部地區與中國長三角、珠三角等次區域

經濟的合作，台中及中部地區未來可定位為高端智慧設備產業研發創新中心。

　　從另一面向來看，台灣若釋放區域自主權，形成次經濟的合作，再加上透過區域經濟與紐西蘭、新加坡、東協、印度等國家合作，就可發揮相輔相成的效果。這種觀念就像走路，不可能一直用左腳或右腳。台灣不可能一直重心放在兩岸經濟發展，也要擴大與東協及印度在內的國家之合作，才能均衡前進。

　　本書內容專論在全球化的區域主義之下，台灣中央與地方權力如何重構以及經濟發展關係，希望成為台灣與中國或其區域建立起具特色性的發展模式及新的中國政策辯論基礎。

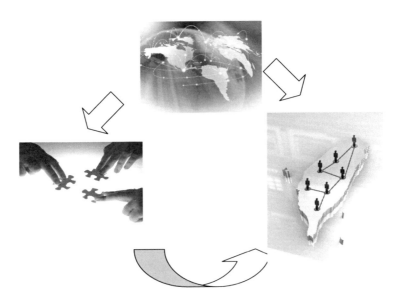

上：在全球化的架構下
左：透過區域主義的策略
右：重構地方與中央的權力

在上述架構下，本書匯集 12 篇論文，包括呂曜志與童振源總結台灣與東亞次區域經濟整合經驗所撰寫的全球化下的台灣次區域發展戰略，黃玉霖、林欽榮與呂曜志分析台灣當前的次區域發展現況與整合可能性，郭翡玉則代表政府說明台灣的國土空間發展規劃，邱垂正論述台灣對中國的次區域發展戰略實施經驗——小三通的成效，曹小衡、陳德昇分析中國的次區域經濟合作戰略，曹小衡與史惠慈則進一步分析中國對台的次區域經濟發展戰略，最後林昱君與楊昊則分析中國與香港及東南亞國協與中國的次區域經濟整合經驗。

　　我期盼這本書提倡的台灣新發展戰略能解套當前台灣的悶經濟，為台灣經濟注入一股強大的成長動能，同時也為兩岸經濟合作創立新的發展模式，奠定雙方永久和平發展的基礎。個人一直以為，與其爭論「西進」或是「南進」，最重要的是台灣自己要上進。透過區域合作與次經濟聯盟合作，利用「超國家層次（Super-national）」或是「國家層次之下（Sub-national）」談合作，降低主權爭議，在全球化架構下找到互利雙贏的模式。

調整兩岸經濟合作模式，創造雙贏新局面

　　在此要特別感謝政大國發所童振源教授以及台經院呂曜志副所長。若無他們兩位的精心策劃與付出，近十場的「兩岸暨區域經濟發展論壇」的討論，不可能完成，這本書也就無法問世。另外，台灣智庫黃玉霖執行長，代表智庫參與規劃連續兩屆，由新竹交通大學與上海交通大學合

告別悶經濟，再造新台灣！

辦的「亞太區域發展暨城市治理論壇」，為本書的大方向與內容，奠定深厚基礎，厥功至偉。

最後，吾人謹以本書，獻給新時代的台灣人民。讓我們攜手揮別陰霾，再造新台灣！

CHAPTER 1

全球化下台灣次區域發展戰略

【Author】呂曜志

現任　　台灣經濟研究院區域發展研究中心主任、台灣經濟研究院研究二所副所長。

學經歷　美國密蘇里大學哥倫比亞分校經濟學博士。曾任台灣工業總會兩岸事務與國際事務委員會委員、台灣智庫執行委員、淡江大學兼任助理教授。主要研究領域為亞洲區域產業競爭、兩岸經貿、台灣製造業發展、品牌發展、公共與家庭經濟學等。

【Author】童振源

現任　　國立政治大學國家發展研究所特聘教授兼所長、預測市場研究中心主任。

學經歷　美國約翰霍普金斯大學高級國際研究學院國際事務博士。曾任前行政院大陸委員會副主任委員。2008 年獲行政院國家科學委員會優秀年輕學者獎，2012 年獲得政治大學學術研究特優獎。主要研究領域為國際政治經濟、中國經濟發展、及預測市場等。

壹、前言

　　在新自由主義引導下，上個世紀八零年代以來，經濟全球化不但推動已開發國家的持續成長，也讓開發中國家獲得大量國際投資與融入國際貿易網絡的機會，迅速累積重要的資本、技術、與產業。然而，全球化也帶來發展機會的不均等現象，不論從社會階層或是空間分佈角度，全球化很難讓所有人與所有地區一體受惠。尤其是，對於開發中大國如中國而言，選擇以次區域進行跨國產業對接合作，變成是發展初期，能夠突顯其局部相對優勢的一種戰略作法。

　　從生產要素國際移動的全球化觀點，選擇以次區域經濟合作做為經濟發展戰略，能夠讓一國國內具有相對比較利益的地區，得以快速掌握發展契機與提升國際競爭力外，並且以試點開放突破國內生產要素或部門的保護主義。就均衡發展的觀點而言，選擇以次區域做為發展主體，也有助於發展相對落後地區尋找與聚焦共同發展議題，集中發展之投入與呈現產出之效果，而達到互利雙贏，一體發展的目標。

　　在亞洲各國間，過去有許多採取次區域作為經濟發展戰略的案例。以中國為例，其次區域發展模式上的特徵可以總括為：中央對地方實施若干程度的規劃權與財政權下放，以及中央政策在地方實施鬆綁的特別安排，本質上並具有一定的排他性與特殊性（曹小衡，2013；陳德昇，2013）。上述特殊安排的主要特徵，在於讓所選定的次區域，透過接軌市場經濟制度與降低市場障礙的方式來接軌國際投資與貿易體系，使得中國在勞力成本與土地使用上的比較利益得以結合外國資本與技術，快速發展加工出口

型經濟,最後達到深化技術、促進產業發展以及累積資本的目標。基本上,這是一種「中國次區域 VS 全球」的模式。

在中國沿海城市所代表的第一波次區域發展戰略獲得重大成就之後,中國也規劃相關戰略以平衡相對落後地區的發展。就中國地理上的特殊屬性,除了綿長的海岸線足以發展面對海洋的對外貿易經濟,居於內陸省分的次區域發展也利用陸域疆界與東南亞、南亞與中亞眾多國家接壤的特性,發展邊境貿易經濟與參與國際性的共同開發計畫,進一步達到發展內陸次區域經濟與發展鄰國外交關係的多重目標(楊昊,2013)。這種是屬於「中國次區域 VS 個別國家或其次區域」的一種模式。類似的案例可以見諸北韓在開城工業區上的設計,以及印尼在巴淡島上結合新加坡開發特別經濟區上的設計。

系統性歸納以上次區域發展的脈絡,次區域經濟合作的目的除了發展經濟之外,在若干案例上也有維繫區域安全與穩定上的考量。安全穩定與經濟發展恰是台灣當前國家發展所面臨的兩大挑戰。因此,如何因應亞洲國家間動態變化的次區域發展趨勢,並藉由次區域經濟戰略來突破台灣與其他國家進行 FTA 談判的內外部困難,並進一步促進區域間安全與穩定,是本文要探討的重要課題。

本文的章節安排如下,除第一節前言之外,第二節將以亞洲國家中積極運用次區域作為發展戰略的中國為例,探討其次區域發展整體戰略,第三節則進一步聚焦中國對台灣的次區域戰略,並探討其成效;第四節檢討台灣的次區域發展戰略及成效,最後在第五節提出結論與建議。

貳、中國次區域發展整體戰略與特點

在亞洲國家間，中國是運用次區域作為經濟發展戰略最多的國家之一，加上兩岸地緣與經濟合作上緊密的關係，使得中國次區域發展整體戰略與成效，成為台灣乃至於其他亞洲國家經濟發展必須重視的課題。本節綜觀其整體戰略及成效，歸納出戰略特色與運作模式如下：

一、兼顧發展區域經濟與穩定地緣政治

就戰略規劃而言，中國次區域發展基本可分為「面對全球」與「面對鄰近國家或次區域」的兩種模式。就中國經濟發展之脈絡過程，1978年改革開放後的第一波次區域經濟發展，係以沿海省市為主體，實施次區域對全球的連結與合作。而後在經濟崛起後的階段，為平衡內陸省市的發展需要，而開始推動以內陸省分對周邊鄰國合作為主的第二波次區域發展。就戰略目標上，第一波之主要訴求以經濟發展為主體，而第二波的戰略目標不僅帶動相對落後區域之發展，更帶有地緣政治的考量，以提升中國在亞洲地區國際議題主導地位為目的（曹小衡，2012；陳德昇，2013）。

目前兩波的次區域經濟發展戰略仍在持續演進當中，故中國的次區域戰略基本上採取「多形式」、「多方位」的觀點（曹小衡，2012）。所謂「多形式」主要體現在經濟特區、中國－東協自由貿易區（CAFTA）、區域經濟合作論壇（APEC、ASEM）、

鄰國地區整合性次區域經濟合作（港澳 CEPA、大湄公河次區域合作）等數種形式。「多方位」則體現在相應不同的個別地區搭配對外之次區域合作，如大湄公河次區域、中越「兩廊一圈」、泛北部灣「一軸兩翼」等多個次區域合作；東北亞區域的大圖們江地區開發合作；以及中亞區域，透過天山北坡帶動西部對中亞開放。

二、立基於比較利益與共同課題

固然次區域合作發展兼具繁榮地方與穩定地緣政治的戰略目標，但要穩固跨國間長期的合作關係，並引導私部門投入資本促成真正的經濟發展，不但要具備經濟上合作的比較利益之外，亦須具備某種長期存在的共同課題，讓雙方在共同長遠利益上，建立合作與互利雙贏關係。以大湄公河次區域合作為例，不但著眼於中國西南省份與中南半島各國之間的資源比較利益互補，亦因為中國與湄公河流域諸國，存在湄公河水力開發與治水的共同長遠利益，使得各國足以在其核心基礎上，擴大合作範圍至交通、旅遊、邊境貿易等多面向領域。

三、借重國際平台與引進外部資源

在許多中國與鄰近國家所推動的次區域合作，國際型的第三協作平台以及外部資源的挹注，對於次區域合作的協調與推動，扮演了相當重要的角色與功能。以大圖們江計畫為例，最早概念

雖是由中國專家丁士晟所提出的「東北亞未來金三角：圖們江三角洲」而來，然而探討該概念是否可行的平台，卻是由美國東西研究中心（East-West Center）、聯合國開發計畫署（United Nations Development Plan, UNDP）與中國亞太研究會所共同促成的。在2005年的大圖們江計畫（Greater Tumen Initiative, GTI）中，不但是由 UNDP 主動提出，且由其主導成立諮詢委員會、計畫秘書長、國家協調人員、與各項發展領域委員會等組織，並搭配數百萬美元不等的技術支援費與信託基金。在這個架構下，包括蒙古、中國、北韓與南韓等國家逐步展開多邊合作，並引導非政府組織與民間企業及投資者投入參與。

四、建立中央與地方的協作關係

　　就推動體系而言，中國次區域發展戰略相當強調中央與地方分權協作關係的建立。在規劃層面上，中央負責處理「十二五規劃」層級對外展開合作的戰略原則與宣示，以及整合不同省市在次區域發展計畫中的角色與議題；各地方政府則協調提出各項具體發展目標、合作對象、實際推動內容與資源需求等規劃，以充分考量各地區實際經濟發展條件與發展訴求。雖然地方有充分自主的提案與規劃權，然而就中央所設定的多元目標下，地方政府仍需要在整體戰略目標與內容方向上符合中央政策，才能進一步獲得中央政府較為充分的資源支持，以提高自主規劃的可落實度與執行廣度。

五、中央支持地方資源與制度創新

　　就資源投入關係上，中央政府對次區域發展上所投入的資源，主要在於基礎建設的投入（包括鐵路、公路與其他相關基礎建設的「鐵公基」專案）。在行政權限上，中央給予地方財政權、人事權與規劃權上重要的自主性，中央亦搭配地方在關務或其他行政上的配合。此外，中央經常以試點先行的方式突破既有開放的格局，給予地方在開放政策上的特許。

　　以昆山綜合實驗區為例，原本昆山市作為江蘇省蘇州市轄下的一個縣級市，不論在財政資源、基礎建設與法規權限上都有其限制，其比較利益僅有鄰近上海的地緣優勢，與國家級經濟技術開發區的基礎建設與配套條件。然而在兩岸經貿關係進入 ECFA 後時代的情勢下，為發揮昆山本身台商群聚優勢的比較利益，做為兩岸深化產業合作的重要試點，中國國務院在近期政策上已經明確要求「結合 ECFA 後續協商，積極研究在昆山試驗區先行先試的對台合作政策措施」，並具體給予昆山市在人民幣台幣雙向現匯、設立兩岸合資證券公司與基金管理公司、以及給予台資企業適用加工貿易內銷便利化措施等制度上的創新空間。

六、次區域經濟合作成效顯著與持續

　　整體而言，中國在上述的推動戰略與條件安排下，目前在各項次區域經濟合作上，均取得相當顯著的成效。以大湄公河計畫

為例，就穩定地緣政治的觀點上，中國與湄公河流域的東協各國歷年來在合作項目範圍不斷擴大，使得中國與東協的共同戰略利益關係不斷深化。自 1992 年至 2010 年底，大湄公河次區域成員國在交通、能源、電信、環境、農業、人力資源開發、旅遊、貿易便利化與投資九大重點合作領域推動 227 個合作項目，共投入資金約 140 億美元。2011 年 10 月底更啟動了中、老、緬、泰四國湄公河流域執法安全合作機制，代表該次區域安全合作已經進入了實質性階段。而就發展地區經濟的觀點上，2011 年中國與大湄公河次區域五國的貿易總額已經突破 1,000 億美元；就廣西而言，對越南出口貿易額在 2008 年成長率達到 93.69%，絕對金額近年來仍處於持續穩健擴大之態勢。

參、中國對台灣之次區域戰略及成效

一、中國對台次區域戰略超越單純地域性考量

中國對台灣的次區域經濟合作戰略，大致亦遵循「發展地區經濟」與「穩定兩岸關係」的戰略目的來展開。然而，由於兩岸政治關係的特殊性與中國本身競爭型地方主義的結構性因素，使得中國對台的次區域戰略，並不似中國與東協、南亞與中亞國家的合作關係，目的在促進西南、西北與東北等邊界省分的經濟發展。中國對台推動產業合作的地區，並不限於台灣海峽西岸的福

建省或海西區，而是呈現「多區域並進的多對一合作關係」，使得中國對台次區域戰略，跨越了單純的地域性考量。

二、中國對台次區域戰略具有四個特點

中國對台次區域戰略，呈現幾個有別於其他次區域經濟合作的特點：
（一）各區域提出的對台合作戰略必須配合中央的整體政策。
（二）中國各區域對台經濟合作上的競爭性地方主義更加明顯。
（三）兩岸特殊關係使得國際性平台與外部資源難以介入。
（四）既然國際平台與外部資源難以介入，中國次區域的比較利益條件是否能夠創造雙邊的共同利益，以及兩岸是否具備協作平台更形重要。

三、制度創新與比較利益同樣重要

就海西區（包含平潭綜合試驗區）與昆山綜合試驗區比較，海西區本身的比較利益遠低於昆山，以目前的經濟規模與經營環境，相對其他次區域發展條件的差距，主要可以體現在以下幾個層面上：
（一）海西區產業結構仍屬二級製造產業，缺乏高端服務業與面對中國內需市場的高品質物流業，加上整體勞動成本上升，台灣製造業投資意願不高。

（二）租稅優惠與土地安排吸引的大多是製造業，要吸引更高端的研發與相關服務業，必須有更好的生活制度與生活環境，海西環境顯然不如長三角。

（三）海西區基礎設施仍然相當不足，影響其一體化的條件；此外海西區具有實力的高等教育機構顯著不足，僅廈門大學一家，無法在地提供人才。

在整個中國對台合作採「多對一」的內部競爭特性之下，海西區並沒有額外突出的比較利益，也尚未創造出其他次區域所無法複製的兩岸共同利益課題。向中央爭取制度創新的權限上，海西區亦沒有取得絕對與相對優勢。

四、缺乏共同合作項目與兩岸協作機制導致成效不彰

若綜合觀察中國推動對台次區域經濟合作的成效，關鍵在於兩岸是否存在具體且長期的共同合作項目，以及兩岸官方、半官方、民間是否建立制度性的協作機制。以目前中國在平潭綜合試驗區所提之五個共同（共同規劃、共同開發、共同經營、共同管理、共同受益）等方向，雖然初具兩岸協作的精神，然而由於此概念係由中國單方面所提出的設想，並未獲得兩岸共識，且平潭島的共同開發，並非屬於兩岸長期共同合作的優先課題，因此難以獲得台灣合作的意願。

肆、台灣次區域發展整體戰略與成效之檢討

一、缺乏跨經濟體間實施次區域經濟合作的戰略規劃

　　從中國結合其他國家推動次區域經濟合作的模式與特點，觀察目前台灣推動次區域發展的整體戰略（郭翡玉，2013），目前台灣經建會在推動戰略上的思維與政策缺失如下：

（一）台灣促進各次區域發展的規劃與做法仍限於國土空間內部定位分工與資源分配的內向思維，缺乏與其他經濟體合作以促進內部次區域發展的整體對外戰略規劃。[1]

（二）台灣中央與其他經濟體的中央政府，在既有的經貿對話機制上，缺乏跨經濟體間的次區域經濟合作進行可行性研究與探討共同發展的利益課題。其原因在於台灣中央政府習於將整個台灣視為一體而忽略以地方做為跨國合作的有效選項之一，因此存在由上而下的治理失靈現象。

（三）台灣地方推動「類次區域的戰略做法」僅限於少數縣市，且僅做為其發展地區經濟的補充做法之一，而非主要做

---

[1]　就台灣經建會所發佈的國土空間規劃政策內容，台灣在次區域總體發展戰略中大致可分成四個空間層次，第一種層次是作為世界網絡的關鍵節點（node），寄望在 ICT 研發製造、科技創新、農業技術、華人文化、觀光、亞太運籌門戶區位等領域能占有關鍵地位；第二層次是在全國階層上，強調三軸（中央山脈、西部創新發展、東部優質生活產業）、海洋環帶、離島生態觀光區；第三層次是區域階層，包括三大城市區域與東部區域；第四層次也是最後一層是地方階層，包括七個區域生活圈及縣市合作區域。

法。如花蓮與日本沖繩縣若干島嶼的觀光合作，僅做為花蓮本身發展的策略選項之一。就地方而言，也存在由下而上的失靈現象。

（四）在缺乏整體外向戰略規劃下，中央對次區域發展的政策工具安排，實際上就僅限於透過重大公共工程建設預算審查的優先性安排，引導地方政府配合國土空間規劃提案重大基礎建設計畫。此做法僅能強化次區域發展的比較利益，本質上缺乏推動跨經濟體之間的次區域發展資源與中央地方協作平台。

（五）就地方而言，若要實際推動跨經濟體之間的次區域經濟合作，也面臨缺乏自主規劃權限與推動資源不足的問題。台灣中央對地方自治能耐上所採取懷疑態度，以及財政資源本身量能不足，衍生在授權地方制度創新上的保守主義。這使得即便地方有意推動對外的次區域經濟合作，也面臨無力落實的困境。

二、小三通成效難以持續擴大與深化

從中央缺乏戰略規劃，到地方缺乏自主規劃彈性與資源，可概括描述目前台灣對中國的次區域戰略推動現狀。就目前兩岸經濟合作的相關政策，絕大部分係以中央主導規劃的政策層級為主，包括兩岸經濟合作架構協議、海基與海協兩會所簽署的 19 項協議，以及台灣經濟部與大陸工信部等推動的兩岸搭橋計畫等。這些政策的特色皆為由中央所主導，並適用於整體區域的全

國性政策，兩岸次區域在過程中並無直接參與，也並無細項配合的執行計畫。

在台灣面向中國的次區域合作內容上，目前大體只停留在城市發展上的共同探討，以及中國單方面對台灣縣市實施局部產業的便利性安排。前者如上海與台中曾經舉辦的「滬台城市發展與城市管理研討會」，後者如苗栗縣農產品在上海金山區成立「苗栗優質農產品外銷專區」等，均屬於缺乏完整性制度、資源挹注與具體推動措施的短期作法。過去台灣由中央支持並且由地方配合執行的對中國次區域政策，僅有金廈之間的小三通政策。

小三通的政策目標起初定位在緩和兩岸關係與作為兩岸大三通前的過渡性安排。在階段任務已經完成後，小三通開始面臨逐漸被邊緣化之危機，僅能靠成本優勢與陸客中轉的需求，來維持基本的營運規模。歷年小三通進出金門的人數成長逐漸趨緩（見表一），而且旅客「過境不過夜」與「過境不消費」等現象對金門當地發展上的貢獻相當有限（邱垂正，2012）。

表一　歷年金馬小三通統計表

單位：人次

年度	入境人數 總人數	出境人數 總人數	入出境人數總和
2001 年	12,734	12,735	25,469
2002 年	28,843	29,341	58,184
2003 年	83,110	84,247	167,357
2004 年	213,486	213,715	427,201
2005 年	277,033	278,240	555,273
2006 年	332,747	336,179	668,926
2007 年	386,763	391,902	778,665
2008 年	518,385	527,618	1,046,003
2009 年	684,015	688,390	1,372,405

2010 年	718,505	724,065	1,442,570
2011 年	754,736	759,282	1,514,018
2012 年 1～8 月	496,753	509,151	1,005,904
合計	4,507,110	4,554,865	9,061,975

資料來源：內政部入出國及移民署。

　　從次區域經濟合作所需具備的各種條件檢視，金廈小三通成效有限的各種可能因素如下：

（一）缺乏兩岸協作平台與長期合作項目：促進金廈交通便利性原本在兩岸交流正常化前具有一定的戰略重要性。然而，若金廈之間只有促進交通便利性的議題，則對兩岸而言，小三通並非長期不可被替代的比較利益，也並非可長期合作的項目與議題。

（二）缺乏中央地方的協作平台：由於金廈之間缺乏具體且重要的共同課題，因此台灣中央在協助金門強化軟硬體，便呈現態度保守且作法消極，無法滿足金門在兩岸次區域合作中的定位規劃，也突顯出中央對於兩岸務實推動合作上的作法一向不願意授權地方政府或徵詢其參與的意願。

（三）缺乏中央的資源投入：既然缺乏合作項目與協作平台、中央自然難以持續挹注資源協助地方政府，積極改善當地基礎建設與健全觀光產業發展。

　　根據小三通的經驗，跨經濟體之間的次區域經濟合作，勢必須要有雙邊中央與地方共同參與的協作平台，並尋找長期可合作的重要共同課題，才能進一步建立各自的中央地方協作機制，與進行相關的資源調配與挹注。以金廈為例，諸如克服地下水資源稀缺、霧鎖機場、中國海飄垃圾與海洋污染、地雷與彈藥庫的全

面清除等，以及爭取成為兩岸重點制度整合的先行先試區，都是金廈間可尋找共同利益課題。

但從台灣整體的觀點，金廈小三通經驗給台灣更重要的啟示在於，中央政府本身是否能夠充分尊重地方發展經濟的需求，並且給予地方更多自主的規劃權，才能進一步提升地方政府誘因，促進以跨經濟體次區域經濟合作，作為提升地方經濟發展的重要策略。從此經驗來看，當前台灣所推出的自由經濟示範區要成功，需要深化地方政府的參與，與運用示範區經營條件的特殊安排，擴大跨經濟體之間的次區域經濟合作，將是未來可持續思考的政策觀點。

伍、結論與建議

本文嘗試從中國推動次區域經濟合作的整體戰略與特點，搭配兩岸在推動次區域經濟合作上的成效檢視，進一步檢視台灣在推動次區域經濟合作戰略上所面臨的問題，以及未來可持續調整發展的策略方向。

一、台灣須體認次區域經濟合作戰略的重要性

過去台灣中央政府在思考各地區均衡發展時，普遍缺乏以跨國之間的次區域合作發展層次，進行戰略思考與規劃。這樣的制

度思考慣性，除了台灣與其他國家在客觀條件上的規模差異，致使決策者慣以整個台灣為觀點對外因應之外，亦肇因於台灣中央與地方政府間制度分工制約，以及中央對地方自治範疇普遍採取保守心態與作法。

然而，在全球化的城市發展趨勢下，國際經濟、產業與文化等多面向活動的主體參與者與跨國移動者變成是企業，而主體空間載具則是規模以上的主要城市群與周邊發展區帶。企業用跨國移動來投票與選擇的對象不僅是一個國家的法令與經營環境，也包含城市群的發展條件。因此，中央的法制建設與地方的環境建設必須互為經緯，才能構築具備國際競爭力的經濟發展環境。

從中國推動大湄公河與大圖們江等次區域經濟合作的成功經驗，台灣當可學習與體認到，運用次區域作為層次，不但可推動相對落後地區的平衡發展，且對於台灣一向受限於簽署自由貿易協定上的諸多結構性限制，以次區域作為層次的戰略亦有其突破既有限制的重要性，進一步促進台灣後六都時代的次區域經濟體與國際連結。

二、中央須全面調整中央與地方協作關係

台灣中央政府審慎思考上述的策略調整後，需要進一步思考如何具體落實建構中央與地方的協作關係。從中國的經驗中，台灣可學習並考量的作法可包括以下的層面：

（一）充分考量地方需求與包含產業、地理、人文以及法規制度等層面的比較利益，並在地方政府參與下，制訂整體次區域經濟合作戰略。

（二）在台灣既有參與的亞太國際經濟組織（如 APEC 與 ADB）下，建立跨經濟體之間的協作平台，找尋跨經濟體次區域經濟合作的共同課題。

（三）建立台灣內部的中央地方協作平台，以推動中央與地方之間的戰略與執行協調，並廣泛徵求私部門與非政府組織的共同參與。

（四）給予地方長期制度性的誘因安排，如給予地方政府在人事與財政權上的權限，並結合自由經濟示範區未來在產業合作、市場准入、人員往來、資金與土地協助上的政策優勢，輔以中央對地方專案性的資源投入，深化跨經濟體次區域經濟合作的實質內涵。

三、強化以共同利益為基礎的兩岸次區域經濟合作

若聚焦在兩岸次區域經濟合作的推展上，除了上述條件不可或缺之外，更重要的是兩岸需尋找互利雙贏的合作課題。未來兩岸所推動的次區域經濟合作，在空間概念上，可以更進一步往地方與地方的合作層次深化；在整體考量上，要有利台灣在全球市場定位上的利益深化，以及有利台灣各地方在經濟活動能量上的提升與擴大，才能得到台灣中央、地方與民間的支持。

參考書目：

1. 曹小衡，2012/12/29。〈中國大陸次區域經濟合作發展戰略與政策觀察〉，「台灣智庫兩岸與區域經濟論壇」演講稿。

2. 陳德昇，2013/1/7。〈中國次區域經濟發展的戰略與政策〉，「台灣智庫兩岸與區域經濟論壇」演講稿。

3. 邱垂正，2012/10/1。〈小三通功能類型發展演進之探討〉，「台灣智庫兩岸與區域經濟論壇」演講稿。

4. 楊昊，2013/4/22。〈東協與中國的次區域經濟合作經驗〉，「台灣智庫兩岸與區域經濟論壇」演講稿。

5. 郭翡玉，2013/3/4。〈區域空間發展規劃〉，「台灣智庫兩岸與區域經濟論壇」演講稿。

CHAPTER 2

台灣次區域發展現況與問題

【Author】黃玉霖

現任　　現任交通大學土木系教授、台灣智庫執行長。

學經歷　美國加州大學柏克萊分校土木工程碩士、博士。曾任交通大學副教授、交通大學主任秘書、海峽交流基金會主任秘書、經建會顧問及交通部高鐵籌備處正工程司。主要研究領域為專案管理、營建財務、基礎建設投資、民營化與財務工程等。

壹、前言

　　促進區域均衡發展，是全球化時代下各國所共同面臨的重要挑戰課題。即便先進的 OECD 國家，如何縮短城鄉差距，促進區域均衡發展，亦為已開發國家改善城市治理與環境議題的重要策略方向之一。尤其部分 OECD 國家在國際金融風暴之後提倡地方主義，推動區域自主發展與重構中央與地方關係，是否能有效改變區域發展不均，進而帶動經濟的再發展，亦為當前在國際上值得探討的重要發展課題。

　　台灣在日治時代的「州治」，歷經二戰後國民政府加以解構，採中央集權體制，直到後來的「精省」、「凍省」讓中央政府的組織更膨脹。規劃權與財政權更集中，雖有新北、台中、台南及高雄合併升格，但各個區域核心城市的政治活力不僅撼動不了中央集權的格局，各區域周邊縣市更加速邊緣化，台灣城鄉落差更加速擴大，值得全民共同關注。

　　本文透過 2013 年 5 月公布之台閩地區工商普查資料與台灣縣市別資料庫做為主要資料來源，並從各主要地區的營業活動、產業分布、產業生產力、就業、財稅收入、社會福利、公共建設等衡量多面向切入進行比較分析，藉以探討台灣次區發展現況，並希望從中釐清當前台灣次區域發展的諸項重要政策課題，進而佐證台灣推動次區域發展的重要性，與梳理出重點方向之所在，最後搭配當前台灣在次區域發展相關政策上的探討，盤點出政策缺口，最後提出政策建議。

　　本文的章節安排如下，除第一節前言之外，第二節將以各項主要區域發展指標，分析台灣次區域發展現況與結構性挑戰，第

三節則進一步盤點現階段台灣中央的次區域發展戰略與政策缺口，第四節則以次區域發展的多項訴求與關鍵癥結點，提出結論與建議。

貳、台灣次區域經濟發展現況與結構性挑戰

一、經濟活動單位：仍集中五都，並且集中在北部都會，中部則成長較為快速

根據台灣今年五月公佈的工商普查初步統計結果顯示，2011年底工商及服務業場所單位仍集中在廣義的北部地區（表一），合計 57 萬 4299 家，並占整體家數 46.15%，五年之間並增加了 4萬 4418 家或 8.38%，增加的家數超過了整個台灣在五年間增加總數的一半以上，且增幅也高於中南部與東部地區，顯示五年內，台灣工商場所家數有越來越集中於北部的趨勢。

按個別行政區域來觀察，五個直轄市家數分居全部縣市的前五名，合計達 80 萬 9418 家或 65.05%，其中以臺北市 19 萬 7,173家或占 15.85%居首，新北市 19 萬 1,921 家或占 15.42%居次，臺中市 16 萬 7,184 家或占 13.44%再次。與 2006 年普查比較，五都之增幅以臺中市 8.15%最高，臺南市 7.69%居次、其餘依序新北市 7.63%、臺北市 7.01%及高雄市 6.32%。

表一　2011年底工商及服務業場所單位數與從業員工人數之分布

	場所單位數			從業員工人數			人數結構比（%）		
	家數	結構比(%)	較2006年增減率(%)	人數	結構比(%)	較2006年增減率(%)	合計	工業部門	服務業部門
總計	1,244,338	100.00	7.42	8,005,651	100.00	6.04	100.00	41.18	58.82
臺灣地區	1,240,380	99.68	7.38	7,990,191	99.81	6.00	100.00	41.19	58.81
北部地區	574,299	46.15	8.38	4,361,100	54.48	4.75	100.00	37.30	62.70
新北市	191,921	15.42	7.63	1,187,688	14.84	5.50	100.00	45.71	54.29
臺北市	197,173	15.85	7.01	1,721,222	21.50	0.78	100.00	16.43	83.57
基隆市	18,497	1.49	2.60	76,950	0.96	-0.35	100.00	23.90	76.10
新竹市	23,573	1.89	9.46	254,195	3.18	13.16	100.00	60.30	39.70
宜蘭縣	23,311	1.87	4.11	104,193	1.30	10.06	100.00	38.51	61.49
桃園縣	96,701	7.77	12.69	819,113	10.23	8.91	100.00	56.81	43.19
新竹縣	23,123	1.86	18.32	197,739	2.47	9.10	100.00	62.64	37.36
中部地區	305,432	24.55	6.43	1,729,934	21.61	9.72	100.00	50.05	49.95
臺中市	167,184	13.44	8.15	1,009,620	12.61	11.73	100.00	47.39	52.61
苗栗縣	23,488	1.89	5.38	141,734	1.77	10.81	100.00	55.42	44.58
彰化縣	64,181	5.16	3.29	347,130	4.34	5.75	100.00	59.06	40.94
南投縣	22,486	1.81	3.79	97,021	1.21	2.27	100.00	40.67	59.33
雲林縣	28,093	2.26	6.82	134,429	1.68	10.16	100.00	47.81	52.19
南部地區	333,357	26.79	6.73	1,795,072	22.42	5.77	100.00	43.22	56.78
臺南市	101,607	8.17	7.69	594,714	7.43	5.57	100.00	53.62	46.38
高雄市	151,533	12.18	6.32	875,214	10.93	4.44	100.00	39.70	60.30
嘉義市	18,508	1.49	5.71	73,286	0.92	6.41	100.00	19.48	80.52
嘉義縣	20,139	1.62	5.79	92,840	1.16	6.39	100.00	49.71	50.29
屏東縣	36,390	2.92	5.96	142,155	1.78	12.20	100.00	32.30	67.70
澎湖縣	5,180	0.42	13.13	16,863	0.21	29.70	100.00	18.85	81.15
東部地區	27,292	2.19	5.23	104,085	1.30	3.44	100.00	22.13	77.87
臺東縣	10,047	0.81	1.26	33,672	0.42	-1.29	100.00	19.36	80.64
花蓮縣	17,245	1.39	7.69	70,413	0.88	5.86	100.00	23.46	76.54
金馬地區	3,958	0.32	22.50	15,460	0.19	29.52	100.00	33.29	66.71
金門縣	3,205	0.26	26.43	13,164	0.16	33.54	100.00	33.19	66.81
連江縣	753	0.06	8.19	2,296	0.03	10.49	100.00	33.84	66.16

資料來源：行政院主計總處。

二、就業機會：中南部就業機會成長率較北部為高，然比重仍以北部為主，就業機會集中在五都地區。

2011 年底北部地區從業員工人數 436 萬 1,100 人或占 54.48%，5 年間增加 19 萬 7,652 人或 4.75%，占全體企業從業員工增加之 43.37%，居各地區之冠；中部地區受惠各產業園區之蓬勃發展，5 年間增加 15 萬 3,210 人或 9.72%；南部地區因南科之發展及部份新興產業群聚區域發展，增加 9 萬 7,894 人或 5.77%；東部地區則受限地理及交通因素，產業發展受限，5 年間僅增 3,459 人或 3.44%；金馬地區因兩岸小三通因素觀光業發展快速，5 年間增加 3,524 人或 29.52%。

按各縣市分布情形觀察，台北市、新北市與臺中市的就業人數均在百萬以上，若包括臺南市及高雄市之五都則合計為 538 萬 8,458 人或 67.31%，顯示五都工商企業提供逾三分之二的就業機會。與 2006 年普查比較，除臺東縣-1.29%、基隆市-0.35%為負成長外，其餘縣市均為正成長，五都中之增幅以臺中市 11.73%最高，而以臺北市 0.78%最低。

三、產業分佈：北部以服務業為主，南部以製造業為主，五都仍普遍缺乏三級產業均衡性的有機發展。

2011 年台灣工商及服務業生產總額前五大行業分別為製造業、批發及零售業、金融及保險業、營造業、運輸及倉儲業等（表二），各業產值均逾兆元，合計達 25 兆 2,469 億元或占 84.54%。

表二　2011 年工商及服務業生產總額前五大行業之分布

單位：%

	製造業				營造業	批發及零售業	運輸及倉儲業	金融及保險業
	民生工業	化學工業	金屬機電工業	資訊電子工業				
總計金額(百萬元)	17,136,297	1,908,179	4,822,845	5,085,297	5,319,976	1,407,243	3,067,781	1,310,128	2,325,493
占全體企業比率	57.38	6.39	16.15	17.03	17.81	4.71	10.27	4.39	7.79
結構比	100.00	100.00	100.00	100.00	100.00	100.00	100.00	100.00	100.00
臺灣地區	99.91	99.23	100.00	100.00	100.00	99.63	99.87	99.50	99.94
北部地區	44.56	37.15	29.39	36.62	68.58	55.84	65.09	73.13	77.18
新北市	10.30	10.53	5.75	10.21	14.43	15.67	14.51	7.02	5.61
臺北市	8.33	10.32	10.50	6.54	7.38	25.39	38.35	41.35	65.03
基隆市	0.21	0.33	0.18	0.26	0.14	0.80	0.63	8.58	0.46
新竹市	6.07	0.75	0.46	0.94	17.95	2.59	2.17	0.63	1.72
宜蘭縣	0.66	2.24	0.51	0.70	0.20	1.77	0.79	1.05	0.66
桃園縣	15.35	11.52	10.02	15.35	21.56	7.37	7.11	13.71	3.11
新竹縣	3.64	1.46	1.97	2.61	6.93	2.25	1.53	0.80	0.60
中部地區	26.45	33.99	35.32	27.57	14.63	20.38	16.25	8.39	10.26
臺中市	10.95	13.79	4.60	17.30	9.61	13.34	10.78	5.41	6.59
苗栗縣	2.71	2.61	2.06	2.01	4.01	1.55	1.04	0.63	0.62
彰化縣	4.70	9.23	6.00	6.36	0.29	2.47	2.61	1.07	1.71
南投縣	0.71	1.55	0.66	0.84	0.32	1.10	0.71	0.44	0.57
雲林縣	7.39	6.81	22.00	1.05	0.40	1.92	1.11	0.83	0.78
南部地區	28.66	26.84	35.04	35.73	16.79	21.95	17.28	16.81	11.76
臺南市	10.58	14.13	5.40	11.63	13.00	4.51	4.53	1.82	3.35
高雄市	15.61	6.90	25.52	21.97	3.67	13.37	9.51	13.27	6.24
嘉義市	0.74	0.21	2.28	0.22	0.02	0.88	0.96	0.40	0.78
嘉義縣	0.96	2.63	1.49	0.76	0.06	1.24	0.70	0.44	0.33
屏東縣	0.78	2.95	0.36	1.15	0.02	1.75	1.43	0.48	0.99
澎湖縣	0.00	0.03	0.00	0.00	-	0.19	0.14	0.41	0.08
東部地區	0.24	1.25	0.25	0.08	0.00	1.46	1.25	1.17	0.73
臺東縣	0.05	0.13	0.11	0.02	0.00	0.55	0.35	0.27	0.26
花蓮縣	0.18	1.12	0.14	0.06	0.00	0.91	0.90	0.89	0.47
金馬地區	0.09	0.77	0.00	0.00	0.00	0.37	0.13	0.50	0.06
金門縣	0.09	0.75	0.00	0.00	0.00	0.26	0.12	0.43	0.05
連江縣	0.00	0.03	0.00	0.00	-	0.11	0.02	0.07	0.01

資料來源：行政院主計總處。

五大行業於縣市別之分布，均以五都及桃園縣為主，製造業以高雄市占 15.61%最高，桃園縣占 15.35%次之；臺北市因企業總部設置，帶動支援性服務業與商業金融等服務業高度繁榮發展，使製造業以外之各大行業比重特別高，普遍首位，其中包括金融及保險業占 65.03%、運輸及倉儲業占 41.35%、批發及零售業占 38.35%、營造業占 25.39%。

在製造業部分，四大工業之化學工業主要分布於中南部縣市，資訊電子工業則以北部縣市為主。2011 年工商及服務業生產總額過半係由製造業所貢獻，計 17 兆 1,363 億元或占 57.38%。製造業四大工業於縣市別分布，化學工業以中南部之高雄市占 25.52%、雲林縣占 22.00%為主，資訊電子工業以北部之桃園縣占 21.56%、新竹市占 17.95%、新北市占 14.43%為主，至民生工業及金屬機電工業則較均衡的分布於北中南各區，前者首 3 名為臺南市占 14.13%、臺中市占 13.79%、桃園縣占 11.52%，後者首 3 名為高雄市占 21.97%、臺中市占 17.30%、桃園縣占 15.35%。

四、產業表現：除民生工業以外，中南部主力的化學工業、金屬機電工業與電子資訊工業普遍面臨資本生產力與利潤率降低的困境。

搭配產業分佈進一步探討產業表現，可以了解 2006 至 2011 五年來全台灣經濟動能與要素生產力的相對表現（表三）。以服務業而言，雖然勞動生產力五年來有所增加，但由於資本生產力反而呈現下降，利潤率增加有限，使得服務業企業難以給予就業者，相對其勞動生產力增幅的勞動報酬增幅，因此使得服務業過去以來的單位產出勞動成本仍下降了 7.65%，而這 7.65%的單位勞動成本下降，大部分轉化為服務需求者的消費者剩餘。

如果從過去台灣各產業投入產出結構的變化趨勢來觀察，服務業資本生產力不彰的因素可能來自於研發（R&D）投入與使用科技化設備程度不足，致使產生使用機器設備等資本財不足的現象，無法結合服務與科技手段而創造更高的差異化附加價值，致使勞動生產力提高的部分沒有轉化為勞動報酬（薪水）的增加，

而是削價競爭後成為服務需求者的消費者剩餘。簡言之，北部地區，特別是在台北市就業的民眾為何薪資沒有成長，有很大程度的因素是來自於服務業的資本密集度與生產力不足所致，也就是服務業科技化程度與創新不足所致。

而製造業部分（表四），同樣有勞動生產力上升，但單位產出勞動成本下降的問題。勞動生產力提升的關鍵可能是因為每一位勞工可運用的機械設備增加的緣故，然而由於資本生產力在四大產業中又有差異，特別是在台灣主力的資訊電子工業上面臨顯著的衰退，因此使得該業勞動生產力提升幅度也相對較小，並造成單位勞動成本指數呈現提升與惡化。從資本生產力的指標判斷，台灣過去五年在資訊電子工業所增加的資本投資並無法貢獻到顯著的產出成長，其原因極可能與機器設備本身背後所代表的技術世代或規格無法具備國際競爭力並且為市場所接受有關。此外受到差異化程度低與後進國家的競爭影響，資訊電子工業在利潤率上的表現也是敬陪末座，這連帶都會影響到金屬機電與化學工業這些支援資訊電子工業的中上游產業。至於民生工業與化學工業為何在資本生產力上分別呈現 15.84%與 9.78%的成長，主要可能來自於價格因素，而非實質生產力上升。

因此就區域的觀點而言，影響中南部經濟動能重要的結構性問題在於製造業資本生產力低落，而造成資本生產力低落的重要原因當中，除了資本本身背後的技術世代與規格問題之外，亦與資本與知識性勞動力投入本身相互搭配不足有關。因此，中南部地區薪資不漲的原因，簡單來講可能歸納為雖有投資，但投資本身內容的技術層次與服務含量不足，導致國際競爭後的利潤率下降，而無法反應到勞工薪資。

表三 2011年底工商及服務業企業單位之經營效率（按產業別分）

	勞動生產力		單位產出勞動成本		資本生產力		利潤率	
	（千元）	較2006年增減率（%）	（元）	較2006年增減率（%）	（元）	較2006年增減率（%）	（%）	較2006年增減百分點
總計	3 730	17.30	0.16	-8.83	0.22	-3.15	6.35	-0.88
工業部門	5 812	21.59	0.11	-8.71	0.62	4.20	4.83	-3.04
製造業	6 222	21.00	0.10	-7.14	0.64	1.69	4.77	-3.25
民生工業	3 991	23.04	0.12	-18.08	0.57	15.84	8.99	0.56
化學工業	10 345	33.80	0.06	-20.55	0.88	9.78	6.22	-1.77
金屬機電工業	5 003	19.93	0.10	-14.29	0.85	-1.19	6.53	-1.58
資訊電子工業	6 700	11.47	0.12	17.33	0.44	-6.83	2.73	-5.16
營造業	2 823	24.15	0.18	-15.57	0.77	26.31	8.49	0.92
其他	11 257	36.33	0.09	-24.55	0.31	22.37	-0.88	-4.60
服務業部門	2 226	12.59	0.25	-7.65	0.10	-7.19	8.09	1.49
知識密集型	3 040	5.64	0.25	-3.76	0.05	-9.03	12.59	4.06
非知識密集型	1 850	16.24	0.25	-10.45	0.26	-3.33	5.90	0.29

註：勞動生產力＝生產總額 ÷ 從業員工人數；單位產出勞動成本＝勞動報酬 ÷ 生產總額；資本生產力＝生產總額 ÷ 實際運用資產；利潤率＝利潤 ÷ 各項收入 × 100%。

資料來源：行政院主計總處。

表四 製造業附加價值（按要素密集度及四大工業別分）

	2011年			2006年			附加價值率增減百分點
	生產毛額（百萬元）	生產總額（百萬元）	附加價值率（%）	生產毛額（百萬元）	生產總額（百萬元）	附加價值率（%）	
總計	4,195,663	17,352,332	24.18	4,055,778	13,863,134	29.26	-5.08
按勞力密集度分							
高密集度	869,258	2,840,040	30.61	800,992	2,426,335	33.01	-2.40
中密集度	969,063	3,724,539	26.02	856,810	3,008,835	28.48	-2.46
低密集度	2,357,342	10,787,753	21.85	2,397,976	8,427,964	28.45	-6.60
按資本密集度分							
高密集度	1,991,643	6,313,209	31.55	2,051,934	5,436,447	37.74	-6.19
中密集度	1,140,498	5,152,705	22.13	1,083,034	4,260,341	25.42	-3.29
低密集度	1,063,522	5,886,418	18.07	920,810	4,166,346	22.10	-4.03
按四大工業別分							
民生工業	548,021	1,956,221	28.01	509,439	1,588,917	32.06	-4.05
化學工業	818,055	4,944,890	16.54	766,076	3,716,455	20.61	-4.07
金屬機電工業	1,130,844	5,149,895	21.96	1,054,335	4,113,226	25.63	-3.67
資訊電子工業	1,698,743	5,301,326	32.04	1,725,928	4,444,536	38.83	-6.79

資料來源：行政院主計總處。

五、財政收支：中南部縣市財政赤字普遍擴大，對中央財政依賴加深

　　除了從企業投資與經營效率層面看次區域發展現況外，從地方政府財政收入支出的角度，也可以有效觀察現階段台灣次區域發展現況與結構性問題。從改制後五都財政概況的觀察，首先可發現真正在財政收入的概念上體現實質升格的僅有新北市（表五）。若直接觀察 2010 年與 2011 年升格前後兩年間的歲入歲出比較，在歲入部分，新北市歲入增加幅度較升格前增加了 57.7%，台中市與台南市則僅分別增加 19%與 21.8%（表六）；在支出部分，新北市在升格後支出僅增加了 43.6%，台中市與台南市則分別增加了 25%與 19.8%，因此就財政收支觀點，只有新北市在升格後的財政赤字是改善的，不論是台中市或台南市，升格後的財政赤字皆不減反增，而高雄市更是在既有的財政收支分配架構下，承受更大的財政赤字壓力。

表五　改制後縣市財政概況重要統計指標

單位：百萬台幣	新北市	臺北市	臺中市	臺南市	高雄市
歲入					
2008	91,052.40	153,864.93	74,807.12	55,144.94	90,495.44
2009	88,948.91	145,751.38	68,585.49	53,554.35	102,296.61
2010	90,550.95	169,071.39	76,442.05	58,795.48	102,549.54
2011	142,802.93	164,128.48	90,996.29	71,620.68	112,839.00
歲出					
2008	96,578.61	148,199.80	75,788.58	58,710.51	102,060.70
2009	98,877.60	155,523.12	74,184.32	59,612.63	117,940.32
2010	101,579.29	162,279.45	77,484.42	64,737.22	115,951.80
2011	145,899.01	173,032.48	96,887.31	77,578.82	126,711.54

表六 改制後縣市財政概況重要統計指標（續）

	新北市	臺北市	臺中市	臺南市	高雄市
稅課收入 －統籌分配稅收入					
2008	30,993.82	39,566.50	10,638.92	9,551.31	19,267.67
2009	26,198.80	33,964.53	8,904.27	8,737.21	16,319.57
2010	27,146.88	36,710.84	9,236.20	8,720.05	17,648.68
2011	22,845.42	32,662.73	18,640.81	15,508.20	20,945.36
自有財源					
2008	40,397.58	88,882.08	35,835.13	18,532.65	40,260.32
2009	39,000.35	87,087.16	34,804.60	19,074.42	39,673.46
2010	48,191.15	105,444.74	38,964.32	21,074.06	42,627.93
2011	74,085.84	97,580.82	44,017.10	23,884.84	48,832.43
自有財源比率					
2008	44.37	57.76	47.90	33.61	44.49
2009	43.85	59.75	50.75	35.62	38.78
2010	53.22	62.37	50.97	35.84	41.57
2011	51.88	59.45	48.37	33.35	43.28
融資需求 －歲入歲出差短					
2008	5,526.21	-5,665.13	981.46	3,565.56	11,565.26
2009	9,928.69	9,771.73	5,598.83	6,058.28	15,643.71
2010	11,028.34	-6,791.94	1,042.37	5,941.74	13,402.26
2011	3,096.08	8,904.00	5,891.02	5,958.15	13,872.53
融資需求 －債務之償還					
2008	34,635.30	6,600.00	10,094.12	7,098.12	9,447.67
2009	34,304.46	6,600.00	10,409.77	13,359.62	10,472.22
2010	35,507.32	6,600.00	10,803.61	10,929.32	11,412.17
2011	34,600.00	6,600.00	12,773.57	21,196.31	8,344.97
2012	...	...	...	...	...
補助及協助收入 依存度					
2008	20.36	17.15	37.38	46.09	30.34
2009	24.02	15.88	33.53	43.18	39.26
2010	14.98	16.59	36.45	44.80	36.46
2011	31.44	19.58	29.25	41.54	33.98

資料來源：行政院主計總處。

此外，從自有財源比率、融資需求與債務償還，以及地方對中央在補助與協助收入依存度等指標上，亦可觀察五都當前財政的諸多結構性問題（表七）。綜觀改制後的五都財政，普遍出現以下幾個結構性問題：

（一）改制後五都自有財源雖然普遍有所增加，但來自中央的統籌分配款增加幅度加大，使得自有財源比例下降，對中央補助及協助收入依存度提高。

（二）五都升格後的政務範圍調整，因為歲出歲入短差所造成的融資需求提高。

（三）地方政府普遍存在「舉新債還舊債」的財務結構面問題，因償還債務之融資需求，在台中市與台南市普遍提高。

表七　改制後縣市財政概況重要統計指標（續）

	新北市	臺北市	臺中市	臺南市	高雄市
歲出政事別結構比 －一般政務支出					
2008	9.12	7.65	8.72	10.53	8.95
2009	8.00	7.22	9.53	10.67	8.30
2010	8.88	7.53	9.63	10.74	8.84
2011	11.53	7.23	10.67	11.19	10.50
歲出政事別結構比 －經濟發展支出					
2008	18.50	15.03	18.73	19.00	12.60
2009	15.17	18.38	15.46	15.86	20.76
2010	12.37	16.16	17.63	20.73	16.37
2011	13.10	14.83	10.56	14.51	11.56
歲出政事別結構比 －教育科學文化支出					
2008	33.92	39.55	36.50	30.61	34.42
2009	35.37	37.31	37.24	30.61	29.86
2010	42.07	35.11	36.82	29.10	34.62
2011	26.84	33.58	33.34	34.18	34.77

歲出政事別結構比 －社會福利支出					
2008	9.16	15.32	8.77	8.83	14.10
2009	12.16	15.19	9.69	9.62	13.70
2010	14.38	20.53	9.59	10.03	14.17
2011	21.53	25.15	17.89	21.01	19.60
歲出政事別結構比 －社區發展及環保支出					
2008	7.56	7.94	4.00	4.59	7.15
2009	7.99	7.23	3.79	3.94	6.95
2010	7.85	7.70	3.77	3.25	8.27
2011	10.53	7.80	8.32	4.03	9.18
歲出政事別結構比 －退休撫卹支出					
2008	8.72	2.95	9.17	12.38	8.31
2009	9.60	2.87	9.44	12.50	9.36
2010	2.51	2.93	9.62	12.22	5.86
2011	8.13	2.87	8.55	5.03	4.03
歲出政事別結構比 －債務支出					
2008	1.69	3.00	1.27	2.15	3.84
2009	1.00	3.14	0.86	1.04	1.78
2010	1.55	1.77	0.56	0.75	1.64
2011	0.52	0.99	0.55	1.08	1.43

資料來源：行政院主計總處。

　　從財政支出別的角度，重要的結構性觀察點可從社會福利支出、經濟發展支出與一般政務支出等層面切入。其中社會福利支出與一般政務支出的人事費部分，分別受到五都升格後的政府健保負擔條件與人事擴張有關，目前已經面臨自有財源甚至不足以支付人事費負擔的窘境，連帶排擠地方政府的經建支出部分。

　　從地方永續自主發展的觀點著眼，一個地方政府當期的經濟建設預算，是作為擴大未來地方稅基的基本基礎。然而以當前地方財政的結構性問題，地方大部分的經濟建設必須高度依賴中

央各經建部會的計畫性補助經費或委辦經費，使得地方政府在本質上必須競爭中央的經濟發展項目資源，容易形成競爭型地方主義與同質性發展，不利於地方長期累積差異化的產業發展特色與能量。

此外，就中央地方稅制結構而言，五都升格後的中央與地方財政關係只有結構性增減調整，地方稅仍以財產稅為主，本質上缺乏多元性。即便中央近年來持續協調地方透過逐年調整公告地價與房屋現值來增加地方稅收，然而在經濟發展缺乏自主財政能力的支持下，對經濟發展相對敏感的財產稅收入，勢必會面對成長有限的結構性現象。

六、公共建設與社會福利

公共建設與社會福利是另外衡量次區域發展與城市建設的重要指標。從財政收支的角度上，五都投入基礎建設的財政基礎本身就普遍存在不均現象，加上城市治理能力的差異，也反映在幾項重要的公共建設上。舉例而言，就城市交通建設最基礎的停車乘載量而言，每萬輛小型車擁有的路邊停車數，五都以內仍以新北市、台北市與高雄市在絕對數上居於領先，近年來亦有小幅成長，台南市則呈現較高幅度的成長，唯有台中市近年來在該項指標上不增反減（表八）。

在影響城市居住品質攸關的汙水下水道建設部分（表九），就公共下水道的鋪設普及率而言，北二都與高雄仍屬於相對發展較為成熟的都會，台中市與台南市相對建設投入不足。在社會福利方面的公共建設，以每萬老人的長期照護與安養機構數指標

表八 改制後五都公共建設與社會福利重要統計指標

	新北市	臺北市	臺中市	臺南市	高雄市
每萬輛小型車擁有路外及路邊停車位數					
2008	2,417.73	2,528.72	1,067.57	772.43	1,154.45
2009	2,752.94	2,574.65	1,104.10	814.31	1,196.12
2010	2,500.67	2,696.19	1,119.32	803.77	1,248.34
2011	2,511.96	2,672.21	1,077.44	711.80	1,113.29
2012	2,745.92	2,676.94	856.48	831.51	1,124.28

資料來源：行政院主計總處。

表九 改制後五都公共建設與社會福利重要統計指標（續）

	公共污水下水道普及率	專用污水下水道普及率	建築物污水設施設置率	污水處理率合計
新北市	51.59	38.93	10.95	100
台北市	100	4.28	2.86	100
台中市	13.52	13.17	15.74	42.43
台南市	17.51	5.51	16.91	39.94
高雄市	48.96	7.48	23.96	80.4

資料來源：內政部營建署。

表十 改制後五都公共建設與社會福利重要統計指標（續）

	新北市	臺北市	臺中市	臺南市	高雄市
每萬老人長期照顧、安養機構數					
2008	6.66	5.02	2.82	4.94	5.08
2009	6.58	4.87	2.92	4.85	5.00
2010	6.08	4.58	2.78	5.11	4.94
2011	5.92	4.23	2.72	5.08	4.84
2012	5.40	3.47	2.55	4.93	4.60

資料來源：行政院主計總處。

（表十），五都比較上則仍是以台中市表現最為落後。顯示雖然地方經濟表現與財政資源會具體影響其公共建設與社會福利存量，然而南二都在經濟與財政表現相對處於困難局面下，仍能在公共建設與社會福利上相對維持一定力道，而台中市則反而在較好的經濟與財政條件上，在本項指標上普遍表現不佳，反映出台灣次區域發展不僅是資源與條件的限制課題，亦存在城市治理本身的競爭力課題。

參、台灣次區域發展政策現況與缺口

一、整體思維缺乏次區域的對外連結戰略

　　上一節從五都升格切入，探討台灣次區域的產業發展、財政收支與公共建設與社會福利等城市發展的重要指標課題，可以發現台灣次區域產業與經濟發展，與地方財政與城市其他方面建設有密不可分的關係。因此要確保台灣次區域或城市永續發展，以次區域為核心的經濟與產業發展策略不可或缺。然而從當前中央的次區域經濟發展政策觀察，基於海島型經濟的本質，台灣在對外經濟關係的連結層次上，一向慣以全島區域為範圍來加以思考。過去縱使有國際間城市經貿外交的概念，但實質推動內容卻大部分停留在不定期、專案性與活動式的產品海外促銷或招商活動，缺乏建立長期性的制度與平台，據以推動多面向的次區域經貿合作關係。

究其關鍵，在中央的規劃思考下，台灣對外經濟關係的連結是以「內部分工、對外一體」的邏輯來進行推動。國內各次區域並沒有被賦予自主規劃的權限與資源，也因為這樣的思考慣性，使得目前台灣仍普遍缺乏次區域經濟發展的相關戰略綱領與制度安排。

二、現有區域發展政策的「內部分工」觀點與核心內容

　　依照經建會的國土空間規劃觀點，台灣在次區域整體發展戰略仍普遍停留在「對內分工」層次。為了達到「內部分工、對外一體」的整體目標上，中央戰略思考係以「國土經營管理組織再造、土地合理規劃及區域適性發展、弱勢發展地區之輔助、結合計劃與預算落實國土規劃、法治環境健全化」為策略方向，強調的是內部治理的觀點，在國際比較上，比較類似於中國的主體開發區政策。

　　因此，觀察台灣當前的次區域發展戰略，可發現該戰略的空間概念上，停留在內部多層次（北中南、七生活圈、與各縣市）的次區域分工，就戰術的政策層面概念上，則以產業型態分工與基礎建設配置為主。其中產業型態分工係以「家有產業、產業有家」作為推動策略，將目標訂在未來十年每個產業至少有三處落腳的地區，每個區域至少三種主要產業，形成區域品牌。而就基礎建設配置，則以重大公共工程建設預算的分配與實施優先性，引導中央其他部會與地方政府配合國土空間規劃政策綱領，進行重大基礎建設計畫提案。持續擴大各次區域產業範疇與深化產業深耕發展之基礎。

三、台灣次區域經濟合作戰略上的規劃缺口與成因

　　若從上述幾項條件，檢視我國目前以國土空間規劃為主的區域發展政策，目前台灣仍以對內發展分工為主之角度進行規劃，戰略思考缺乏以次區域，進行國際連結的規劃視角。因此若要成功推動次區域經濟合作，目前的政策架構與資源配置，仍停留在形塑內部次區域的產業經濟與軟實力比較利益，以及強化次區域本身基礎建設條件等兩個面向上。其目標是在確保台灣各次區域的多元差異與平衡發展，至於台灣各層次的次區域如何接軌國際，推動更緊密、實質與長期的經貿合作關係，則未有充分規劃。其政策邏輯係透過符合當地需求的基礎建設，搭配產業群聚與利基分工出，最後透過市場力量，來與無特定對象的國際市場進行連結。

　　然而從第二節的各項指標探討，本文很清楚證明當前台灣中央對地方的上而下規劃與支配關係，對於台灣各次區域的均衡發展，實際上未能展現出顯著的效益，因此可說目前台灣的次區域經濟發展政策與模式的確存在失靈現象。在目前的次區域內部分工發展上，由於仍存在許多由區域間差異，包括資源分配、交通運輸發展、經濟發展機會等所造成的跨域整合問題，再加上中央與地方財政處於競合關係，使得跨域整合存在「患寡也患不均」的結構性問題，使得各地方政府在欠缺誘因下加深了整合的難度。因此，台灣當前的確需要朝向中央對地方採取更多分權性質的次區域發展政策，來提高次區域自主發展誘因，走出當前次區域發展不均度持續加大的困境。

肆、結論與建議

一、後五都時期的台灣次區域發展不均現象日益顯著，中央主導的整合機制面臨制度失靈，未來地方政府需有更多自主權，方能塑造良性循環。

　　本文從 2006~2011 年的工商普查縣市別資料，並搭配相關城市發展指標切入，反映出當前台灣所面對的南北產業與城市發展不均問題，並且從同一個普查時間以來的中央次區域發展政策與缺口分析，本文認為當前從中央角度所推動內部次區域整合與分工，不論從制度或資源上，都已經產生制度失靈的現象。準此，台灣未來必須要從制度與資源分配面上進一步突破，讓地方政府擁有更多的自主權，促進地方首長「當責」，也才能夠進一步從城市發展國際與區域競爭的角度上，改善地方政府治理失靈的現象，並長期提升其城市治理的能耐，塑造良性循環。

二、次區域均衡發展的產業基礎必須建立在地方政府的有效參與，並且重視跨國家的次區域連結戰略觀點。

　　此外，從工商普查資料所顯示的中南部產業發展與城市治理問題，本文認為要創造中南部產業發展的新動能，從支柱產業優化轉型與產業結構調整的角度切入，勢必要進一步提升民化、金機等產業的知識含量與附加價值，開拓更多元的下游與服務應

用，此外也需要透過上述支柱產業為載體，進一步強化中南部的生產性服務業、商業與金融業的發展。

事實證明，要創造上述的產業發展新動能，只靠目前中央所主導的國家創新引擎，地方政府缺乏顯著角色，不能用更差異化與客製化的方式來塑造各次區域的比較利益與優化投資環境，則創造新動能的成效將是極為有限的。此外，台灣現階段的次區域發展不能僅停留在國內分工合作的戰略規劃層次，必須要更進一步融入與其他國家或經濟體次區域的對外連結與合作觀點，如此才能夠有效突破國內財政問題所形成的資源制約因素。

三、地方政府的有效參與係建立在財政量能的自主性上，然而不僅中央地方財政劃分需要改革，地方自主規劃與執行權的取得，才能真正把地方財稅的餅做大。

然而要結合與引入國際資源，推動台灣各次區域的發展，眾多的國際經驗也指出，地方政府必須具備充分的財政量能與行政規劃權，才能逐步建立起角色，並進一步優化投資環境上的比較利益。因此從長遠的方向視之，未來不僅是中央地方財政劃分需要改革，諸如都市計畫與區域計畫規劃審議權限，以及港埠機場管理權等城市建設自主規劃權的進一步取得，才能讓真正建立塑造城市產業國際發展的比較利益，進一步把地方財稅的餅做大，促進良性循環。

CHAPTER 3

台灣次區域整合的可能性

【Author】林欽榮

現任　交通大學人文社會學系副教授。

學經歷　美國麻省理工研究（建築與規劃學院都市研究與規劃系
都市與區域研究）、台灣中國文化大學實業計劃研究所
工學組都市計畫碩士、中原理工學院建築學士。曾任台
南市政府副市長、內政部營建署署長、高雄市政府工務
局局長和都市發展局長、新竹市政府都市發展局長、國
際都市發展協會學術理事。主要研究領域為都市與區域
研究、都市設計公共政策分析、社區與城鄉發展、建築
規劃與評論、地景與空間理論、文化資產保存等。

壹、前言：次區域整合的必然性

　　自 1980 年代後期起，受到全球化影響，台灣即步入「後工業社會」，過去以工業化經濟體所建構起來的台灣產業經濟空間，也面臨著轉型再結構的挑戰壓力。迄今，台灣社會發展無論在政治、國家財政與經濟、社會、產業與科技、環境等層面，也歷經前所未有的變化。經過三十年之久，從總體面向加以觀察，包含有來自外部以及內部的壓力因素，驅使台灣都市發展的變遷轉為快速而劇烈。在全球化與在地化的兩個發展趨勢下，多數都市都已面臨著全球城市在各面向的競爭，地方都市所扮演的在地角色與競爭力已不能侷限在都市本身，而必須統整鄰近地區甚至跨縣市區域的經濟實力，進行整合實力的競爭及長期擴展（林欽榮，2006）。

　　根據聯合國人口基金會統計：從 2008 年起，世界各國城市人口已超越鄉村人口。研究顯示，預計 2030 年時，全球城市人口更可望突破 50 億大關，換句話說，也就是全世界每 5 個人當中，就有 3 個人住在都市，都市之機能將更趨複雜化。另一方面，聯合國報告顯示，全世界各都會區相較現況，將具備更強大的競爭力，因此在國家經濟發展中扮演重要推動角色（朱景鵬、吳松林，2010）。經濟全球化所提供最重要的啟示之一即是：在全球經濟競爭基本單位，將會是「區域」而不是單一城市或是縣；而且，每一個區域對應與經濟全球化的效應，都將面臨重大挑戰（Hershberg，2001）。

　　都會區域的產生及成長是現代社會都市化進程中的一個重要特徵，也是 21 世紀世界城市化發展的主導趨勢，傳統利用地理因素或歷史背景行政分區之治理模式，甚至是現今以縣、市規模為

治理單元之模式，已不足去面對此趨勢潮流，需藉由跨行政區域的整合，在資源面、產業面、行政制度面上進行模式更新及升級；例如在大眾運輸連結、防災防洪、資源利用及區域產業整合等發展議題上，尋求區域整體發展規劃及重大公共建設等合作，甚至集結區域之影響力，提升與中央部會爭取相關補助之可行性。

貳、台灣次區域合作發展案例之考察

區域之定義是一個範圍與等級低於國家範疇的地理概念，同時也是一個包含城市與鄉村的複合體。治理則是政策權力的驅使，其中包含公權力與民間力量的交互作用。兩個名詞的結合則代表一種區域內部各單元既合作又競爭的關係（鄭安廷，2010）。區域治理的實踐不單單是跨越自然地理、行政區域的實際空間範圍，並可以超越制度上行政組織的劃分差異，具體整合區域內的各權力單位，包含公部門、私部門與第三中立團體的事務權責，整合內部意見，匯集區域資源及發展途徑，塑造出以打造區域向上發展為前提，產生協力合作與互助伙伴之政治關係。

自 2010 年 12 月 25 日起，台灣的行政區劃已產生有 5 個直轄市的情勢，地方自治體制已變革為「五都十七縣」，進而「三大生活圈、七個發展區域」的規劃與如何落實，即是中央行政機關所曾著手規劃「國土空間發展策略計畫」，嘗試為驅使區域整合與資源配置能達到效益，期盼透過資源的整合，帶動各區域的整體發展，由區域整合效果提升國家競爭力之想像藍圖，如下表一說明。

表一　台灣國土空間發展策略計畫之國土空間結構

階層	策略名稱	說明
國際階層	世界網絡關鍵節點	在世界網絡中,臺灣在 ICT 研發製造、科技創新、農業技術、華人文化、觀光、亞太運籌門戶區位等領域占有重要關鍵節點地位。
全國階層	3 軸、海環、離島	中央山脈保育軸、西部創新發展軸、東部優質生活產業軸、海洋環帶、離島生態觀光區。
區域階層	3 大城市區域及東部區域	北部城市區域、中部城市區域、南部城市區域及東部區域地方。
地方階層	7 個區域生活圈及縣市合作區域	北北基宜、桃竹苗、中彰投、雲嘉南、高高屏、花東、澎金馬跨域平台之縣市合作區域。

資料來源：行政院經濟建設委員會,《國土空間發展策略計畫》,台北：行政院經濟建設委員會,2010。

　　上述中央政府部會對應於驅使次區域整合的有些政策設想,在 2010 年底歷經全國行政區劃調整以來至今,雖或有些不甚具有力道的中央介入作為進展；其實早於 1999 年起,經過十餘年來至今,台灣已有數個次區域合作之案例經驗,包含地理的區域合作及議題上的合作。藉由上述對於區域治理之指涉,本文據以考察台灣各次區域合作之內涵與發展機制,分析整理如下：

一、北台區域聯盟（北、北、基、宜、桃、竹、苗）發展

（一）過往區域聯盟整合概況

　　2005 年 11 月基隆市、台北市、桃園縣、新竹縣市等 5 縣市成立「北臺區域發展推動委員會」,台北縣、宜蘭縣及苗栗縣亦陸續加入。縣市首長共同簽署「北臺區域發展推動委員會組織章

程」，透過制度性的聯繫機制，提升城市合作效率及競爭力。每年定期召開委員會議，討論北臺區域發展重大事項，除將決議事項納入各地方政府施政計畫及編列相關預算，並協助區域內各地方推動重大計畫或跨區域建設開發事業（莊麗蘭、楊睿雲、曾淑娟，2006）。

（二）現行區域聯盟合作推動概況

　　「北臺區域發展推動委員會」其依據設定的八大區域發展議題進行縣市的業務分工，包含：休閒遊憩、交通運輸、產業發展、環境資源、防災治安、文化教育、健康福祉及（原住民、客家族群及新住民）各項相關業務，個別負責縣市均設定一權責單位為業務幕僚，組成工作小組，統籌各領域政策規劃、協調、推行。並為委員會整體運作（參如圖一，北台區域聯盟組職與合作事項體系）。各成員縣市政府亦統一設置議事幕僚單位，成為委員會運作的聯繫窗口，部份聯繫窗口同時也負責議案執行情形的追蹤。「北臺區域發展推動委員會」即在此「雙環」幕僚組織模式下進行運作。該推動委員會並於臺北市舉辦北臺區域發展推動委員會2008年成果展暨《驅動北臺・領航未來》2009年國土及區域發展推動研討會等區域合作行銷活動，進而正式與中央政府連結對談，並邀請歐洲、美洲國家重量級的國際貴賓來臺，針對「區域發展與區域行銷」、「都市再生」、「國際大型活動與城市發展」三大主題，分享區域合作經驗。

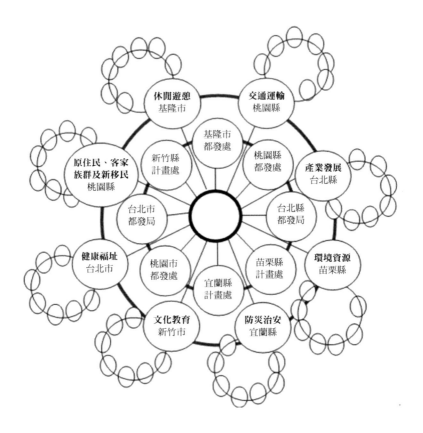

圖一　北台區域聯盟組職與合作事項體系

資料來源：李長晏、曾淑娟，2012。《跨域治理結構之比較分析——以北台
　　　　與高高屏區域聯盟為例》。台北：韋伯出版社。

二、雲嘉南區域聯盟（雲林縣、嘉義縣、嘉義市、台南市）發展

（一）現行區域聯盟合作推動概況

　　面對五都新局勢的挑戰，為追求更有競爭力的政府效能及解決跨領域議題，必須藉由區域結盟才能發聲。自 2010 年起，雲林縣、嘉義市、嘉義縣、臺南縣以及臺南市，即共同成立了跨縣市的區域合作平台，每年共同向中央政府提出符合區域共同需求的合作計畫，不僅成為雲嘉南地區一個分享經驗、知識與資源的交流平台，2011 年之後，鑒於台南市、台南縣整併為新台南市直轄市，繼而由原本的區域結盟更名為「雲嘉南永續發展推動委員會」，確立了雲嘉南為求真正達到區域合作的產業發展，需要一跨縣市合作委員會作為一項次區域合作的平台組織，進行研商合作的範疇與方向，才不致讓區域合作事項淪為空談，也才能突破縣市競爭的邏輯，以藍海思維擴大區域發展的基礎，化競爭為合作，共同向中央爭取區域發展資源。

　　台南市作為區域合作的領頭羊（Leading City），與相鄰之雲林縣、嘉義市、嘉義縣自 2011 年正式合作建立「雲嘉南永續發展推動委員會」聯盟關係，在文化觀光、環境生態及科技產業等議題相互合作，建立常規性的區域合作平台機制，平台涉及之議題包含「精緻農業」、「觀光旅遊」、「文化創意」、「科技產業」四大主題，並定期舉辦工作坊，就雲嘉南區域內產業未來的發展與雲嘉南四縣市政府的相關業務主管進行面對面的溝通，研訂雲嘉南區域產業發展計畫，邀請行政院內政部、經建會、農委會、科技顧問室等重要合作部會出席，爭取中央部會之支持。

三、高高屏區域聯盟（2010 年縣市合併改制，現為高雄市、屏東縣）發展

（一）過往區域聯盟整合概況

　　高雄市、高雄縣及屏東縣 3 縣市在生活環境、經濟活動均具有密切關聯性，亦各具區域特色及優勢條件。為整合區域資源，提升生活環境品質及地區競爭力，1999 年 1 月三縣市發表「高高屏區域聯盟共同聲明」，首度全由民進黨執政的高雄市、高雄縣及屏東縣共同參與，會中謝長廷市長、余政憲縣長及蘇嘉全縣長三位首長，除發表「高高屏區域聯盟共同聲明」，強調區域合作的重要性，並強調生態保育及永續經營的立場，並定期舉辦「高高屏首長暨主管會報」，進行跨域合作討論，建立協調溝通的管道。此一聯盟針對在區域內的地方政府具有能力協調解決的議題，多數選擇較容易合作，較容易開始，也較不易失敗之合作事項作為切入。

　　而某些性質議題較少列入討論的原因包括業務涉及的局處單位較為複雜、權責界定模糊、利基不明確、沒有優先急迫性、已有專責之委員會與基金運作的環境議題（如：高屏溪流域管理委員會），以及可能存在之合作矛盾與縣市政策方向不一致或是缺乏財源等性質的議案較不易於聯盟中被提出，而部份議題雖然權責清楚，但若涉及中央層級的整合系統運作，同樣也少在會報中提出，因此，高高屏聯盟多以軟性議題作為發展訴求，且較少與中央部會計畫銜接。

　　由此可推估三縣市雖已有高高屏合作機制運作的共識性，然而落實在跨區域合作議題上，卻仍然受到模糊的課責性、偏好的

歧異性以及財源的充足性等因素所限制。該區域聯盟所曾提出之具有共識 10 大跨域合作事項議題包含有：推動高高屏區域捷運路網之興建、爭取第三座科學園區之設置、設立新大學及研究中心、營造社區及地方產業特色，促進區域產業之整合與發展、建立跨縣市治安合作機制、共同處理區域性環保污染問題、改善市縣交界公共設施銜接與配合、爭取新高雄國際機場之設置、聯合整治河川污染，澈底改善飲用水品質、塑造海洋文化新風貌，建構海洋遊憩帶等。

（二）現行區域聯盟合作推動概況（2010 年高雄縣市合併後）

因莫拉克颱風重創南台灣，加以高雄縣市合併為新直轄市等因素，睽違近三年高屏縣市首長會報，於 2012 年 10 月 26 日再度高雄蓮潭會館召開。此次會議除由時任高、屏兩縣市陳菊市長與曹啟鴻縣長共同主持外，並邀請中央部會參與，會中高屏縣市聯袂提出六項議案建議，包括：建議公共債務法修正草案，直轄市舉債上限以「歲出規模之 250%」，縣（市）以歲出總額 150% 計算；以行政院版「財政收支劃分法」修正草案為主，中央統籌分配稅款財源，除營業稅及菸酒稅照原提撥比例外，將所得稅收入提撥比例由 6% 提高至 10%；建請放寬「內政部推展社會福利補助作業要點」規定地方政府社會福利促參方式設立者之補助設限，以及於促進民間參與公共建設法增訂「獎勵措施」篇章，獎勵民間投入社會福利設施開發與興建，以因應高齡少子女化社會之福利需求；請台電公司提供並增加現有電網饋線容量餘額，以利有意申裝者查閱與使用，並建請經濟部能源局開放每年度太陽光電設置總量管制；連結高屏地區現有公車路線，辦理路線、班表、票證及費率之整合作業，推動大寮－屏東－麟洛（國七至

國三）快速道路等關係未來高屏區域發展之重大議題。該次會報以完成中央與地方溝通為前提策略，重新鏈結高雄與屏東低區之策略發展為背景，期望透過「區域治理」、「跨域合作」的運作模式，逐步整合公、私部門資源，發揮縣市區域合作的最大效益。

除定期之高屏縣市首長會報外，高屏區域也因應環境永續議題成立有「高屏地區暨高雄市永續發展委員會」，因應落實國土空間發展策略計畫於 2012 年成立「高屏區域合作平台暨運作機制計畫」，以及為整合緊急醫療體系，行政院衛生署所主導之「南區緊急醫療應變中心」。因有上述之各計畫及單位持續成立推動，以做為啟動高屏跨區域治理之新契機。

參、台灣次區域合作發展之特色與中央政府促成機制的分析

當前台灣區域合作發展的治理，本質上仍處於探索階段，但依據各次區域合作發展實際案例顯示，已有其初步內涵及發展輪廓。其中北台區域聯盟次區域發展合作雖起步較高屏次區域晚，但由於產業快速發展，地理範疇也日益擴大，各項重大交通建設包含：桃園機場捷運、台北都會捷運、五楊高架快速道路等，都已成為此一次區域共同發展所需整合之重大課題，不僅涉及軟性的配套議題，更由台北市、新北市主導，整合多項政策面、產業

面、國際推廣面之硬性議題。綜合各次區域案例分析，目前台灣各次區域合作整合的進展仍屬尚未形成法制化的模式，主要需克服之難題如下：

一、縣市經濟發展停滯與產業轉型的危機仍是優先議題，並非能藉由現階段區域聯盟合作平台而獲取議題的突破與解決。

二、仍存有不同政黨對立情勢，以致跨區域合作的首長決策高層之間未必有決策共識。

三、縣市間社會、文化發展結構仍有累積性的區域發展差異，以致跨區域聯盟的合作的議題質量仍有差距。

四、中央對於區域與地方資源分配不均以及分配不具正當性的事實，仍一直未獲具體改善，導致不同區域與區域之間的資源爭奪與較勁，屢見不鮮；甚至是同一區域聯盟的成員間，也因此經常陷入相互對抗與爭喋不休之困境。如此，更難奢望區域合作發展效率之提昇。

五、地方自治事項的授權不足，以及中央屢有限制地方自治事項的情事發生，導致區域聯盟成員之間的合作，難以發揮出區域整合之綜效。

在全球化快速流動的潮流下，國家在面向新的規模都會區域形勢下，必然會被迫必須更重視次區域的整合的邏輯。從國家政策對應在區域治理發展面向而言，中央政府對區域合作，其實是一個由上而下的最大促成機制，且往往它藉由國會以及中央行政機關擬修訂法律或者是採取中央行政計畫發布來實踐其促成次區域整合的效應。以台灣目前中央法律頒布與修訂為基底，針對次區域整合的促成，有以下幾項新的發展趨勢與作為。

一、有關法律增修訂作為部分

　　2010 年頒布修訂「地方制度法」其第二十四條之一條文，乃針對區域合作組織之成立事項，給予法律之促成要素，其所明文：「直轄市、縣（市）、鄉（鎮、市）為處理跨區域自治事務、促進區域資源之利用或增進區域居民之福祉，得與其他直轄市、縣（市）、鄉（鎮、市）成立區域合作組織、訂定協議、行政契約或以其他方式合作，並報共同上級業務主管機關備查……共同上級業務主管機關對於直轄市、縣（市）、鄉（鎮、市）所提跨區域之建設計畫或第一項跨區域合作事項，應優先給予補助或其他必要之協助。」以此採用財政補助引導區域合作，鼓勵縣市合作。同樣屬於採取立法性支持的法律要件上，2010 年 5 月 6 日立法院初審通過的「財政收支劃分法」修正草案，條文第 27 條第 2 款特別增列：「中央對於跨區域之建設計畫或合作事項，應優先給予補助或其他必要協助。」即是對區域合作事務提供財務誘因。另依據行政院修正發布「中央對直轄市及縣（市）政府補助辦法」第 3 條規定，同年 8 月 31 日新訂第 2 項第 2 款即明白宣示對於跨區域之建設計畫或合作事項應優先予以補助。

二、有關中央政府行政計畫發布作為部分

　　2009 年 3 月 26 日行政院研究發展考核委員會與經濟建設委員會曾在「國土空間發展策略規劃」提出有關循序強化國土資源的區域治理機制，給予台灣跨區域治理與區域合作的新方向。同

年 9 月 21 日，因應行政院所提出的三大生活圈（北台灣、中台灣、南台灣）及七大發展區域（北北基宜、桃竹苗、中彰投、雲嘉南、高高屏、花東、澎金馬）的格局發展概念，提出台灣國土規劃將朝此方向進行。引領七大發展區域建立區域合作平台等機制，做為台灣國土之區域發展與治理脈絡。2010 年 6 月，為建立計畫執行機制，行政院經濟建設委員會訂定「行政院經濟建設委員會補助地方政府辦理國家建設總合評估規劃作業原則」，以規範中央相關部會、區域合作平台與地方政府之分工與任務；並就各補助計畫執行注意事項及規劃原則進行說明，以促進中央部會及地方政府之垂直與水平合作，使規劃成果能落實於公共建設計畫。

此外，經建會尚發布有「國家建設總合評估規劃」本質係屬於提升縣市合作，也是列為「區域均衡」施政主軸的重要策略之一，促進縣市合作規劃。依據該計畫推動目標，協助縣市政府擬訂「區域發展計畫」，經建會於 2010 年 4 月訂定「補助地方政府辦理『國家建設總合評估規劃作業』補助要點」，編列補助經費，提供縣市政府申請辦理跨區域合作計畫規劃案，未來將藉由區域產業空間整體發展觀點，整合相關公共基礎建設，加強各區域間之跨區域合作，擴大產能規模，發揮綜效（經建會都市及住宅發展處，2012）。同時為因應縣市改制，行政院指示內政部檢討修正「區域計畫法」，以利未來各直轄市、縣（市）進行跨區域合作之區域計畫擬定，以及區域合作平台機制之建立。2012 年 4 月 30 日內政部營建署完成辦理「臺灣北、中、南、東部區域計畫（區域計畫第二次通盤檢討）」，為銜接國土計畫的擬訂，內政部制定「推動直轄市、縣（市）政府擬定區域計畫方案」，分 2 年協助五都十七縣政府擬定區域計畫，並修正區域計畫法涉及各

級區域計畫委員會權責劃分、計畫及開發案件審議機制等相關規定，逐步擴大授權，落實地方政府規劃及審議自主權。

實則，國家職能對應於區域治理的適當性，其不可或缺的是，需要有國家角色的置入。不論是地方經由議題的整合、政黨的相鄰性，或是相鄰縣市而同一政黨執政結合的態勢，尚無法推動有效性的區域治理、這都必然要有中央政府的介入、授權與調節。

肆、結語

經由上述考察與研究發現，在整個台灣已經從五都行政區劃格局即將進入到六都的一個新時代十字交叉口裡面，已促使台灣漸走向更需要有次區域整合的區域治理能力與實際。雖然目前尚未能見到明確的次區域整合之制度建構，但已可看到區域合作基本的樣態及隱約性的內涵。這對於中央及地方政府之未來國家發展政策考量角度，次區域之共同發展及所面對之課題，已有其必要性作為首位發展考量，達成次區域地方相互扶持，鏈結性的綜效，最終目標則透過成功的次區域整合，達到資源有效的分配、長期發展課題的解決及環境永續的發展，甚至成功之次區域發展之機制可做為下一波區域治理發展之借鏡，以創新國家治理之面貌。

比照十餘年的經歷，顯示次區域整合的不可迴避趨勢，台灣的次區域合作其實是呈現了數種樣態。區域內之共同事項，如整體發展規劃及重大公共建設，將經過該合作組織討論及審議後，

再行爭取中央預算補助，期盼透過整合去實踐一個具環境生活特質的有效營造及合理的發展程序。綜觀各式樣態暫時歸納出有三項如下：

一、台灣各縣市的次區域發展多以縣市合作為初期發展重點，進而提升至次區域整合之模式，少有直接牽涉政策面、產業面之樣態。

二、各縣市推行次區域發展在課題面上，多以軟性之議題（如：社區營造、地方觀光的總體行銷、環境意識保育的倡導）為出發點，俟機制穩定及成果產生後，始朝向以涉及重大的資源調度分配的硬性議題（如：地方產業佈局、防洪治水、重大交通建設）適時適地進行整合發展。

三、探討次區域整合之課題時，國家行政機關單位按其職能置入對應，成為不可或缺之調和及監督雙重必然角色。另一方面，相鄰之縣市地方政府，無論是否為同一政黨的結合態勢，皆因應致力完成由地方政策制定結合導引中央重視區域發展之目標，進而啟發中央各行政機關調整作業模式及相關法令規範，達成雙向引擎的持續推動次區域發展之效果。

台灣在次區域整合的議題區塊上，目前多為中央政府空有區域計畫的職權實施，始終卻沒有產出地方區域的資源有效合理分配的實績，尤其以南北區域發展的失衡以及重北輕南等種種的政策失當以及社會累積性困境，一再突顯了六、七十年來台灣政府的行政導向，對於次區域的良好發展機制其實是嚴重缺乏的。綜合上述，作者提出呼籲，為一個國家面向未來次區域整合發展命題，目前急迫需要確實地將國土計畫法的立法與實踐回到制度與法治面進行建構，否則，空有地方尺度的都市計畫與區域計畫規劃作為、而無國土計畫的整合連接，仍將導致困境無法突破。

以下三點為筆者特針對發展次區域整合機制，所需要件，研提建議如下：

一、賦權地方（Empowerment）：中央角色著重於傾聽地方的聲音，尤其需加強對於區域發展優先排序等議題，進行輔導及協助，並且將地方政策的優先工作議程納入到國家的計畫裡面；相關的區域規劃權、區域議題的治理或是地方的空間以及產業的治理權限，均宜適度且必須授權給地方，同時中央應要求各部會連結現行地方政策，並進行以區域整合性發展優先的補助機制調整，才能提升區域整合的可能性。

二、促進整合（Facilitation）：未來國家行政機關能力之所及，不僅是制度建立、也不僅是權力下放，而是必須就區域的整合能力、區域處理的議題，在過程中陪伴地方進行區域升級，同時各部會的分支機構必須運用職權進行整合調度，以求成果具有延續性，同時中央部會的區域執行機關單位，改變管理態度由監督轉變為促成，更清楚形成中央與地方的伙伴關係。同時，因應直轄市之行政主體漸趨成熟，中央必須適切的下放權力給直轄市政府，由地方產生能量，對於土地資源及公共設施以及地方的發展前景產生規劃主導能力，甚至是發揮領頭羊的效能。如此一來，臺灣次區域整合的可能性才會有比較明確的路徑。

三、制度建構（Institutionalization）：制度是對於機制運作的關鍵性保證，尤以法制面、行政資源調整之轉變更為重要。地方與國家始終應該是相互合作伙伴的存續關係，而不應該是藉由政治過程所突顯宰制與支配的邏輯；也唯有地方取得都會區域發展規劃的合理權力，與所需要合理財政資源分派；也同時只有市民社會在地方、區域、國家，甚至全球議題上取

得發聲的集體參與者角色，我們才能期待次區域整合永續發展願景的可能（林欽榮，2010）。

參考文獻

1. 林欽榮，2006。《城市空間治理的創新策略／三個台灣首都城市案例評析：台北、新竹、高雄》，台北：新自然主義出版社。
2. 林欽榮，2010/12。〈創新區域與創意城市：產業創新與文化創意做為城市再生的動能〉，《研考雙月刊》，第 34 卷第 6 期，頁 64-74。
3. 朱景鵬、吳松林，2010。〈我國區域治理發展脈絡與展望〉，《研考雙月刊》，第 34 卷第 6 期，頁 12-22。
4. 鄭安廷，2010。〈從英國區域政府政策的轉變看行政區變革的挑戰〉，《多元變遷中公共服務與治理之機會與挑戰》研討會。
5. 行政院經濟建設委員會，2010。《國土空間發展策略計畫》。台北：行政院經濟建設委員會。
6. 莊麗蘭、楊睿雲、曾淑娟，2006。〈城市聯盟與國際城市組織〉，《研考雙月刊》第 30 卷第 5 期，頁 101-114。
7. 李長晏、曾淑娟，2012。《跨域治理結構之比較分析——以北台與高高屏區域聯盟為例》。台北：韋伯出版社。
8. 經建會都市及住宅發展處，2012。〈推動跨域合作治理促進區域均衡發展國家建設總合評估規劃中程計畫〉，http://www.cepd.gov.tw/book/m1.aspx?sNo=0017317。
9. 國家建設總合評估規劃中程計畫核定 101 年至 106 年核定本，行政院 2012 年 5 月 30 日院臺經字第 1010029053 號函核定。
10. 顏聰玲，2010/7。〈建立雲嘉南區域合作平台及運作機制專案計畫〉，《雲嘉南區域合作平台之運作機制與現況分析》研討會。
11. Theodore Hershberg, 2001. "Regional imperatives of global Competition", in Jonathan Barnett (ed), Chapter 1, *Planning for a New Century-the Regional Agenda*, Washington, D.C.: Island Press.

CHAPTER 4

檢討次區域發展下的中央與地方分權與財政分配

【Author】呂曜志

現任　　台灣經濟研究院區域發展研究中心主任、台灣經濟研究院研究二所副所長。

學經歷　美國密蘇里大學哥倫比亞分校經濟學博士。曾任台灣工業總會兩岸事務與國際事務委員會委員、台灣智庫執行委員、淡江大學企管系兼任助理教授。主要研究領域為亞洲區域產業競爭、兩岸經貿、台灣製造業發展、品牌發展、公共與家庭經濟學等。

壹、前言

　　次區域發展是台灣突破中央治理僵化，提高各主要城市差異化發展空間，並彈性融入世界經濟體系與區域經濟整合的可行途徑。就經濟規模而言，台灣是全世界第 19 大的經濟體，單就六都內的每一個城市及周邊衛星縣市結合起來的經濟規模，亦可普遍排在全球前一百大經濟體，因此就本身的經濟發展條件與公共建設品質而言，若能突破國際政治現實與國內治理的困境，應更具備永續與多元發展的可能性。

　　就全球化本身的潮流而言，民族國家的概念逐漸被打破，國際資本在各國所發揮的影響力逐漸抬頭，使得國家治理逐漸朝區域一體化發展。即便是上個世紀 90 年代在歐洲風起雲湧的統合與分裂共存現象，如今中歐與東歐國家也早已渡過民族自決的時期，朝加入歐盟一體化的方向發展。

　　因此，從國家治理的角度，區域一體化趨勢使得採取開放政策的各國間，創造差異的空間逐漸縮小，因此以城市作為特色化發展的載體，成為其國家永續發展的重要策略；而對自由化程度不高的國家而言，鑑於恐面臨經貿上被邊緣化的風險，因此以城市做為自由化示範的突破點，亦為許多開發中大國所採行的模式。職是之故，以城市群為主體，建立跨國間的次區域經貿合作關係，成為一種符合國際區域經濟整合潮流的選項。

貳、重構中央地方關係的重要性

　　要以城市群作為次區域經貿合作的載體，就必須讓城市治理機構擁有一定的主導權與規劃權，因此重構中央地方關係，對於促進城市差異化發展，促進次區域合作，進而達到國家總體發展的多重目標，扮演相當關鍵的角色（呂曜志與童振源，2013）。

　　而讓地方有規劃及主導權，最大的目的是為了防止競爭性地方主義可能導致城市發展千城一面的現象。從賽局理論的角度切入，城市群次區域發展所牽涉的各項規劃與資源需求，若仍由中央主導，在民主體系的制度失靈下，容易造成地方政府採取同質性的競爭策略，而罔顧其基本的比較利益，預算資源也可能以「恩庇侍從」的方式來進行分配，而產生資源錯置、資源分散、重複投入、與過度競爭等無效率的現象產生。

　　此外，基於地方選民對中央政策上存在資訊不對稱的現象，因此一旦競爭性地方主義形成，各城市群間採取高度同質性的策略，這些同質性策略所導致的結果，亦可能並非地方選民真正的訴求，甚至帶來更大的傷害，因而產生代理人問題。許多實際案例在兩岸之間層出不窮，包括產業園區制度彈性的爭取、或是國家重點產業計畫的落地實施，都普遍出現地方採取同質競爭性的發展策略。

參、中央地方權責之待突破點

　　因此本文觀點強調中央與地方，必須針對城市治理與經濟發展權責的重構進行思考。重構的政務事項參考國際發展趨勢，可包括產業空間規劃、重大交通公共建設管理權、財稅收支、甚至是國營公用事業的地方化。

一、產業空間規劃權

　　首先在產業空間規劃的部分，目前的趨勢的確有往地方分權方向發展。首先在新的產業園區開發上，開發主體逐漸從中央轉為地方，因此在區位的選擇上，較能因應當地廠商的需求而設立在適當的空間位置，降低中央因考量貧瘠地區發展，而犧牲運輸效率與群聚效應的情況。此外，現行法規亦調整擴大地方政府核定產業園區開發權責至 30 公頃以內的都市與非都市土地。

　　然而由地方開發新產業園區，仍有幾個根本性問題有待解決：
（一）若依照都市更新條例來開發產業園區，必須經過冗長的程序來報請核定，在土地徵收上常遭遇困難。
（二）地方普偏缺乏自主財源、作業基金與其他財務工具來進行開發，因此開發產業園區必須向銀行進行大規模的聯貸，而為了符合貸款償還的條件，使得地方政府必須以標售作為主要的供地條件，進而提高地方政府招商壓力，降低產業群聚形成的可能性。

（三）由地方所開發的產業園區通常缺乏必要的公共設施與管理機制，如污水處理設備與其他公共設施。此外地方政府普遍仍需要建立座落於當地，且與各相關業務主管機關保持密切聯繫的單一窗口。

（四）地方所開發的產業園區相較於中央級的產業園區，普遍亦在租稅、供地條件與產學連結上存在條件差異。如科學園區與加工出口區享有來料保稅之優惠、工業區業管工業區提供 006688 以租金轉價金之優惠，以及科學園區設置產學合作據點等措施，均為地方主導產業園區開發時所面臨之條件差異。

　　綜合歸納，除了地方政府需要儘速建立自主性的管理能量之外，其餘與中央級產業園區的條件差異，主要仍可歸納為預算資源與財稅自主權上的因素，如提供較好的公共設施、較有彈性的供地條件、設置產學合作機制、以及相關租稅優惠等，都涉及到業務預算規模與財稅自主性。地方政府或握有調整都會型產業園區的容積獎勵權，惟為了遏止圈地炒作所帶來對城市景觀與有機發展帶來負面的影響，仍不宜以大量開放容積獎勵與移轉的方式來籌措相關開發財源。因此產業空間規劃自主權的提升，仍要高度搭配預算與財稅的自主權，方能真正落實地方政府在產業發展空間上的政策主張。

二、重大交通公共建設之管理權

　　台灣另外一項亟待突破的中央地方分權事項，在於地方對重大交通公共建設的自主管理權。全球城市大型化發展的潮流中，經營管理權概念上的「港市合一」，一直是強化全球大型城市競爭力的重要因素之一。從美國、歐洲到亞洲的日本與中國，主要海空港的營運管理均與市政發展息息相關，也成為以城市為主的次區域推動對外經濟合作的重要比較利益。目前全世界前二十港口的經營體制，除高雄港外均為民營；管理機關亦多為所在地政府所管轄（見表一）。

　　因此，就國際上的潮流而言，航政、港政與港埠三者本可由中央政府、地方政府與民間機構分別辦理（見表二及表三）。台灣採「航政、港政與港埠三合一」的制度，係精省後原本由台灣省政府代管的國際商港，在考量台灣省與商港所在地的直轄市分屬管理系統的平行層級，平常欠缺溝通協調，再加上商港每年產生顯著的盈餘，以及中央欠缺次區域發展的戰略觀念與授權思維，致使中央決定集中管理。致使中央與地方在各自的本位主義作祟下，港埠與市區發展未能互蒙其利。

　　近年來，受到台灣民主深化與世界潮流的影響，中央也開始討論航政與港政分離的策略。因此台灣行政院在 2001 年通過交通部所提的「國際商港管理委員會設置條例」，但後來因為體制爭議與定位不明，委員會未能發揮功能，而後中央才又提出「港務局設置及監督條例」，讓港務局轉型為公法人組織的台灣港務公司與機場公司。

表一　亞太地區各主要航運國家航港體制比較表

項目 國家	航政	港政	港埠經營
日本	• 中央運輸省主管航業政策與發展 • 運輸省掌理航政業務	• 中央運輸省港灣局負責港灣政策與發展 • 地方港灣局負責港灣管理、港口基本設施由地方政府出資興建 • 採港市合一制 • 公營組織體制	• 公、私營分別經營裝卸業務 • 埠頭公社公司組織以公用或私有之方式投資興建碼頭
韓國	• 中央：海運港灣廳 • 地方：地方海運港灣廳 • 中央航政業務由海運港灣廳下部門處理	• 中央海運港灣廳負責港灣政策與發展 • 地方海運港灣廳負責港務管理 • 公營組織體制	• 公、私營分別經營裝卸業務 • 貨櫃碼頭公司組織棧埠業務仍由海運港灣廳監督核准
香港	• 海事處負責航港政策與發展	• 港埠行政管理屬於海事處 • 港埠分區由承租公司自行經營管理	• 私營的裝卸公司組織
新加坡	• 海事處負責航港政策與發展	• 新加坡港務局負責港埠管理 • 公營組織體制 • 設有港埠管理委員會	• 裝卸作業民營公司組織 • 碼頭工人由政府僱用管理

資料來源：倪安順（1994）

表二　歐美主要航運國家航港體制比較表

項目 國家	航政	港政	港埠經營
澳洲	• 中央運輸通訊部負責政策計劃之制定 • 地方各港港務局負責港埠經營與管理 • 航港採多元化管理	• 各地方港口港務局負責港口政策與發展計劃受運輸通訊部指揮監督採公、私營經營體制	• 公營公司化組織採民營化裝卸作業制度 • 碼頭工人由裝卸公司自行雇用
美國	• 中央運輸省下海運管理局制定法規與政策地方港口由港務當局負責航業發展政策	• 各港口港務當局負責港口的發展 • 採港口委員會模式 • 採大多數公營少許私營的管理體制	• 私營的裝卸作業組織碼頭裝卸由裝卸公司自行僱用碼頭工人
德國	• 中央經濟部財務部為主管機關 • 市政府負責港口政策和港口規劃	• 市政府是港口的規劃者也是直接經營者 • 無所謂市政府監督港務的行政隸屬關係採市府經營模式（地主港）	• 碼頭裝卸作業民營化碼頭裝卸設施由私人公司自行設置、自行僱用碼頭工人
英國	• 中央交通部主管航業政策與發展 • 地方各港口由港務局公司管理	• 由各港口港務局公司負責 • 港灣政策與發展 • 私營的組織體制 • 採民營公司模式	• 私營的裝卸公司組織
荷蘭	• 市執行委員會是主管機關負責航政業務發展 • 港口管理由市港負責	• 市港負責港務業務的推展 • 採公營的組織體制 • 府會共治市港與議會互動 • 無行政濫督關係	• 採公營的裝卸作業制度 • 碼頭裝卸作業員工由公家雇用

資料來源：洪順發（1999）

表三　各國航管體制整理

國別	航政	港政	港埠經營	市港關係傾向
日本	國土交通省	中央海運港灣廳負責政策，地方港灣廳負責管理	公私營、採埠	市港合一
韓國	海運港灣廳	同上	公私營公司	市港分治
美國	運輸省	港口委員會	私營公司	各地情形不同
英國	交通部	港務公司	私營公司	因類型而有不同
中國大陸	交通部等單位	雙重領導，地方為主	海洋運輸管理局國營事業	市港合一
德國	中央經濟部	市政府	民營公司	市港合一
荷蘭	市政府	市政府、市議會	公營	市港合一
新加坡	海事處	港務局（設管理委員會，公法人）	民營公司	市港合一

資料來源：謝志成（2001）

　　在台灣近期探討港埠經營與市港關係傾向時，現任的台灣交通部長葉匡時曾以城市規模、自身財力與管理能力作為開放民營與市港合一的先決條件，葉匡時認為以目前台灣四大主要港口的現況，上述諸項條件皆不存在，港口甚至仍得供給城市，因而不具備市港合一的條件。然而從歐洲的國際案例來看，德國在北海共有 11 個河港與海港，其所在城市人口普遍均在 50 萬人以下，即便是最大港口漢堡市，也僅是人口 180 萬人的中型城市，每年貨櫃吞吐量在 900 萬 TEU 上下，幾項指標皆與台灣的高雄港近似。可見城市規模與運量並非港市合一的必要條件與充分條件，而財政能力又與該國中央地方財政分配制度的設計有關，並非外生的環境變數。因此，中央若能放權讓地方政府參與港政與港埠經營，輔以港埠經營的民營化，定能讓地方政府產業發展策略更進一步的與所在地港口進行更緊密的結合，進而創造地方產業發展的新動能。

三、財稅收支劃分之重組與改革

　　除了規劃與管理權之外，從資源的角度上，如何確立地方自治的財政基礎亦為當前中央地方分權在思考的重點。五都核定升格已三年餘，配套的財劃法、公債法修正案雖然數度列為重大優先審議法案，但至今仍無法完成審議。雖然中央財政部一再宣傳新版財劃法將淨增加地方稅收大餅達 438 億以上，並且強調分配上「只增不減」，然各地方縣市仍然無法接受。

　　究其原因，當前行政院版財劃法修正案無法回應財政資源分配的結構性不公問題，其分配機制無法徹底改革各級政府間之財政失衡。就所增加的 438 億地方政府整體財源而言，有高達 413 億元由直轄市間分配，顯著排擠未升格縣市的新增財源空間，加上直轄市之間亦存在台中市與台南市處於相對分配弱勢地位的問題，使得整個目前的財稅收支劃分制度，不但存在直轄市與其他縣市「患不均」的現象，也存在某些升格後直轄市的「患寡」現象。可說當前財劃法並沒有改變中央地方的財政主從關係，只是另外一次激化競爭性地方主義的施政舉措。

　　五都雖然在政院版財劃法上較其他縣市取得較高比例資源，然而五都升格後的財政需求也大幅提高。當前中央以調整統籌款比例、補助辦法、設定平衡與專項補助等過渡性措施，已經著手協助地方改善財政問題。然而因應未來中央權限下放地方的長期趨勢，現行財劃法恐無法根本性的提供地方政府相對足夠的財源，其可持續性令人懷疑，在財政分配仍處於垂直失衡下，也將進一步影響地方承接中央分權事項的意願。

此外，在台灣地方財政當前普遍處於赤字預算的現狀下，包括自有財源不足，支出結構僵化等問題都亟待解決，因此不僅是財政收入分配面，如何從財政支出面的角度重組中央與地方權責，如警政與教育人員撫卹、健保等一般性社會福利是否回歸中央等，亦是當前急需處理的課題。

　　然而中央面對地方財政長期結構性問題仍缺乏解決的決心，議題探討只能圍繞在放寬舉債上限，讓地方政府更加依賴舉債。財政部版本公債法甚至將債限規範與國民所得脫鉤，背離國際財政紀律趨勢，另一方面又規定強制還本的紀律條款，使得地方政府不得不陷入以新債還舊債的惡性循環，只能隱匿在當前低利率的環境下掩蓋問題。倘若他日因國際及兩岸經濟因素，使得國內通貨膨脹問題經由貿易與金融途徑而日趨嚴重，以致央行不得不升息時，台灣地方財政問題恐陷入另一波嚴重問題。

肆、結語：從財政收支改革切入厚植次區域發展能量

　　要顯著改善地方財政問題，財政收支劃分制度必須做出確切改革，真正回應迫在眉睫的財政問題，才有機會真正取得社會共識。而究竟什麼是台灣中央地方財政分配的源頭問題呢？國內多位學者認為，當前財政問題的源頭，在於當初推動精省後，誤將學理上具地方稅性質的營業稅劃歸中央，此舉不僅造成中央集錢，更造成各縣市政府財政資源的嚴重不足（林向愷、蘇建榮、

陳錦稷，2010）。此後，雖然政府在這樣的基礎上進行多次的統籌分配稅款制度演進，並且在制度設計上，已經針對營業稅的地方性質加以考量，然而仍然處於「重直轄市，輕縣市」的格局。

從財稅量能的分配來看，目前即便在考慮統籌分配制度之下，中央賦稅收入仍高達 69.09%，地方政府僅佔 30.91%，而在地方財稅量能不足之下，債務自然持續累積。根據財政部統計，2010 年度止各縣（市）政府一年期以上非自償性債務未償餘額達 3,306 億餘元，占前 3 年平均國民生產毛額（GNP）比率達 2.54%，早已超過公債法上限之 2%。如果加計未滿一年短期債務及北高兩市債務，則合計未償債務餘額已將高達八千億元以上，各地方政府舉債幾達公債法上限。

因此要長期改善中央地方財政關係，必須開始倡議財政邦聯論的概念，重新檢討加值性營業稅是否回歸地方，或實施更兼顧垂直公平與反應地方治理條件差異與產業發展績效的分配制度，此外為了平衡都會與非都會區資產市場的兩極化發展，應給予地方政府不但在土地與房屋價格上的徵稅價格審定權，亦應該研議是否給予各地方政府訂定不同財產持有稅率的彈性。讓都會地區公共建設投入之綜效能夠合理從財產持有稅上獲得反應，也讓非都會偏鄉地區取得更多稅賦上的優惠空間，進而帶動人口移入，促成要素流動，而提高產業發展的動能。

此外，在地方政府是否應取得更多產業發展的自治權限與資源之前，地方政府綜合的財政管理與城市治理能耐亦需要充分被檢視。然而適當的誘因在促進地方政府厚植上述能耐，重構中央地方關係的過度階段時期亦十分重要。在陳錦稷的倡議當中，提供地方政府改善赤字誘因的財政再生基金，搭配財政紀律規範，是相當值得參考的推動點。

因此當務之急，是如何陸續從收入面與支出面，重新調整中央地方財政關係，目標是挪空出更寬裕的財政資源投入經濟發展所需相關公共建設與輔導計畫，若能搭配中央地方在產業發展空間規劃權，以及重大交通公共建設管理權的重新定位，相信能夠有效提高地方政府在產業推動與城市發展上扮演更積極的角色，進而打開活局，提升台灣次區域在國際間的競爭地位。

參考文獻

1. 呂曜志、童振源，2013。〈全球化下台灣的次區域發展戰略〉，發表於「第二屆亞太區域發展暨城市治理」論壇，臺灣新竹交通大學與大陸上海交通大學合辦，7 月 25 日。
2. 林向愷、蘇建榮、陳錦稷，2010。〈行政院版「財政收支劃分法修正草案」的缺失與建議修正方向〉，《地方政府治理的新局與挑戰》，第 9 章，台北：新台灣國策。
3. 倪安順，1994。〈亞洲國家航港管理體制之研究（上）〉，《航運季刊》，3(1)，頁 1-25。
4. 洪順發，1999。《從各國管理體制之研究探討我國較適採行模式》，國立海洋大學航運管理學系碩士論文。
5. 謝志成，2001。《代理理論——論市港管理委員會之合理組織結構》，國立海洋大學航運管理學系碩士論文。

CHAPTER 5

區域空間發展規劃[*]

【Author】郭翡玉

現任　　行政院經建會都市及住宅發展處處長。

學經歷　台北大學都市計畫研究所博士、美國耶魯大學環境研究
　　　　學院碩士、台灣大學土木研究所碩士。專長領域為國土
　　　　空間規劃、永續發展及氣候變遷調適政策規劃。

---

[*]　本文係根據行政院經建會所擬定之相關政策、計畫及其執行情形之綜整。

壹、永續國土空間發展策略規劃[1]

一、趨勢及挑戰

影響我國國土空間發展之趨勢與挑戰，主要包括下列空間課題：

（一）全球化與兩岸發展加速

自 2002 年起東亞地區成為我國最大出口市場，佔臺灣對外出口金額 50%以上，而其中又以中國為我國最主要的貿易伙伴、出口市場和貿易順差來源地，顯見中國大陸及東亞國家對我國經貿影響已與對歐美鼎足而立。上述全球化與兩岸發展之趨勢，皆影響國內產業空間佈局與運輸政策。

（二）氣候變遷下的環境衝擊

由於人類經濟活動不斷發展，導致大氣中溫室氣體濃度持續增加，溫室效應增強，造成全球暖化、海平面上升、極端及異常氣候發生頻率逐年增加且加劇，使全球生態環境產生巨大變化，生態系統失衡，進而嚴重影響人類生命及財產安全。在此全球氣候變遷之影響下，臺灣近年來氣候亦有面臨重大變化，產生之衝擊使生活、生產、生態及生存等各方面均面臨嚴峻考驗與挑戰。

---

[1] 行政院，2010/2/22。〈國土空間發展策略計畫〉。

（三）石化能源稀缺，價格不穩定

臺灣係是以出口為導向之國家，但對於進口能源依存度相當高，導致能源問題及其價格波動，影響臺灣國際競爭力及經濟發展。為降低進口能源依存度，並有效提升能源使用效能，國土空間區位配置及國土資源之運用均應重新思維，包括交通運輸模式之改變應朝向發展公共運輸、檢討城鄉及產業之空間配置，使都市能源使用量降低，調控各種能源生產及耗用之最佳配比等，並利用臺灣天然資源優勢發展潔淨或再生能源，發展自主的綠色能源產業。

（四）城市區域競爭與跨域平台之展現

我國目前計有 22 直轄市及縣市，在現行中央與地方二級治理的架構之下，資源競爭與同質化發展，常導致城鄉發展的規模與特色皆不足，以往區域合作的機制未能完善建立及發揮做為競爭的優勢，以致於在城市的經濟規模與差異化發展上都難以跨足國際競爭，有待導入跨域合作治理的概念，思考臺灣未來更進一步的區域整合與資源的配置使能達到最大效益。

（五）全球在地化的特色

為能打造城市品牌、型塑地方特色，各國近年來積極推動「全球在地化（Glocalization）」政策，雖然大環境受到全球化影響，然而地區意識逐漸覺醒，進而發展成為一股足以抗衡全球化的重要力量。如何將城市獨特的文化更進一步反映、融合與固化於城市景觀、建設、產業、居住環境及市民的認同感中，從而提升其城市競爭力，對國內城市政府形成挑戰。

（六）人口結構高齡化與少子化

近年我國人口由於結婚率與生育率的下降，人口成長趨於緩慢，根據本會「中華民國臺灣 97 年至 145 年人口推計」結果顯示，臺灣地區總人口由正成長轉為負成長將出現在 2023 年至 2028 年間。在人口結構方面，由於醫療衛生進步使國人平均壽命延長，老年人口比率增加，老年依賴人口數量及期間延長。隨著總人口成長減緩及人口結構高齡化的加速發展，如依照目前人口空間分佈趨勢推估，預期未來人口集中北部及西部都會區之情形仍將持續。

（七）產業空間發展由群聚化到廊帶化

隨著產業群聚（Cluster）發展，將逐漸匯集更多產業發展能量，進而發展成為產業群聚廊帶（Corridor），有利於提升產業群聚的競爭力並發揮更大綜效。在各國對於積極推動產業群聚政策均不遺餘力的趨勢下，臺灣必須持續增加知識的投資與人才的培育，並結合創新與創意，建構研發、創新、生產製造一體之高附加價值產業創新走廊，由北而南約 3 至 4 縣市形成一圈域，每一個圈域都應有與發展的產業相匹配的生產要素（水、電、生活機能、人力），以因應國際激烈競爭。

（八）資訊技術革命與網際網路化

資訊與通訊技術（ICT）突飛猛進與寬頻網路技術的日趨成熟，讓資訊及知識傳播更快，對人類之經濟、社會、文化與空間發展均產生革命性的影響，並且改變人們的行為與生活模式，資通訊基礎建設與相關應用等已成為城市與國家競爭力重要評比

項目，因此未來如何持續建構優質化的資通訊社會，並將空間地理資訊系統廣泛應用於國土規劃、都市建設、社區、以至住戶單元，展現資訊化、數位化應用生活所帶來的便利，並結合我國資訊產業之發展成為智慧型社會的國度。

（九）資源分配未能達成效率與公平的均衡

現行中央資源分配機制使地方政府陷入無效率的零和競爭，競相爭取產業園區、公共設施及交通建設下，忽略適性發展。而在政府財政資源有限情形下，勢必無法全部滿足其需求，導致整體公共建設及服務設施一方面受到限制格局不足，一方面卻又呈現矛盾的閒置及低度利用現象，都將成為未來國土空間發展的重大挑戰。

（十）環境保育浪潮高漲

當經濟發展與環境保護產生衝突，當能源、糧食缺稀，使我們意識環境資源的不可再生，當全球暖化造成氣候異常、冰山融化、生態異常等等現象時，國際間重要會議就開始不斷的提出有關環境保護的議程、議定書或公約，以做為全球公民應努力的方向或應盡的義務；我國從 1994 年環境影響評估法公布實施起，各項污染排放標準陸續提高，民眾關心國土的環境問題，並積極參與環保工作，再再顯示綠色環保浪潮已然成形，並逐年高漲。

二、國土空間發展策略

（一）國土發展的核心價值──構築世代公平的永續發展國土空間

1. 審慎保護並妥適利用自然與人文資源
2. 建構優質且多樣的生活環境
3. 創造充分的經濟參與機會
4. 樹立前瞻且有效的治理機制

（二）國土空間規劃基本原則

1. 不宜開發者加強保育及復育
2. 適合開發者適地適性發展
3. 城者宜城、鄉者宜鄉，並建構城鄉伙伴關係
4. 符合效率、公平與品質三原則

三、國土空間規劃目標

　　考量兩岸關係、高齡化、少子化、全球氣候變遷、節能減碳、金融海嘯危機及亞洲逐漸成為世界經濟的成長引擎等內外大環境的變化，及當前施政所面臨之重要議題，未來在永續經濟、永續社會、永續環境的前提下，國土空間發展策略之總目標為：「塑造創新環境，建構永續社會」，並應創造臺灣成為具備「安全自然生態」、「優質生活健康」、「知識經濟國際運籌」及「節能減碳省水」的國土發展新願景。

四、國土空間發展結構

（一）國際階層：世界網絡的關鍵節點

　　根據 WEF 全球競爭力評比資料顯示，臺灣觀光競爭力主要優勢係在於臺灣擁有太魯閣、日月潭、故宮等世界級的自然資源和文化資產，在亞洲太平洋地區，無論是海運或空運，臺灣具備最短平均航程的地理優勢，再加以當前政府正推動六大新興產業、服務業等重要產業政策方案，積極強化臺灣優勢，必能力促臺灣在全球網絡形成一個不可忽略的重要關鍵節點。

（二）全國階層：3 軸、海環、離島

　　臺灣天然地形與地貌型塑國土空間結構及發展朝向「三軸、海環、離島」。

1. 中央山脈保育軸：中央山脈北起宜蘭蘇澳附近，南抵臺灣最南端的鵝鑾鼻，位於臺灣島中央偏東，全長約 340 公里，東西寬約 80 公里，縱貫全島，將臺灣島分成了西大、東小不對稱的兩半，東部地勢較險峻，西部則較寬緩，同時也成為全島各水系的分水嶺，是臺灣生態、景觀、自然資源，甚至是近年發生許多山坡地重大災害之重要環境敏感地區，未來本區將以生態保育以及維護原民文化為主。

2. 西部創新發展軸：2007 年高鐵通車，善用高鐵的快速、整點與其帶來的空間效果，進行西部走廊空間的再結構與毗鄰化，運用高鐵車站特定區所擁有之交通機動性、交通可及性及高環境品質 3 大發展機會，期成為地方新成長中心（growth pole），並加強高鐵特定區與舊市區、產業園區、國際海空

門戶及其他重要發展地區之間的無縫運輸服務，並沿運輸軸線佈設集約、混合使用的發展單元，將西部走廊的發展壓力逐漸引導至高鐵與公共運輸的服務範圍之內，避免空間發展持續無序沿公路蔓延而蠶食農地，藉集約化發展（compact development）提高公共建設的投資及使用效率。

3. 東部優質生活產業軸：目前觀光度假、有機農業、文創及海洋生技等已形成東部區域的品牌特色，永續發展概念已深植東部，未來期望更進一步將樂活、慢活及養生休閒等新生活型式概念融入產業中，形成有別於西部的發展模式，有效運用東部豐富多元的人文特質、慢速的生活步調、優美的自然景觀、乾淨的土地資源等優勢條件，發展東部成為優質生活產業軸。

4. 海環：臺灣是島嶼型國家，單臺灣本島海岸線長度即近 1,240 公里長，相當臺灣南北縱長的 3.3 倍，以往對海洋資源的應用多僅限於漁業，近來年才開始致力於深層海水溫差、海水萃取等生技技術的研發與應用，在當前能源及水資源日益缺乏下，未來必須重視這片藍色國土，在兼具保育與開發產業潛力下，探索海洋資源並發揮我國獨特的海島區位優勢為主。

5. 離島：臺澎金馬島嶼總數超過 80 個以上，相較臺灣本島，其餘「離島」面積人口規模都較小，由於島嶼生態系統脆弱，離島發展應強調人文及自然環境保全與觀光發展，強調環境保育及文化保存的國土空間，以發展特殊的生態與文化體驗為主。

五、國土空間治理

　　目前我國區域治理上所面臨的難題包括：國土建設計畫審議法制作業無法對應、施政計畫內容與國土發展願景缺乏整合、跨域治理的合作機制尚待強化等，導致資源無法有效整合與運用，嚴重地阻礙了地方整體發展。我國邁入 21 世紀後，提升國家競爭力最重要的即是突破政治體制上的限制，以尋求良善的治理（good governance），來處理各種跨區域的問題。依據「國土空間發展策略計畫」提出國土空間治理建議如下：

（一）建立具有權威性的上位國土發展指導綱要。

（二）設置國土研究機構長期進行國土空間相關議題研究及資訊蒐集；及建置國土資源資料庫，以達到資源整合與資料分享之目的。

（三）推動區域合作平台與機制。

（四）建立弱勢地區的協助機制，輔助離島、東部及原住民地區發展。

（五）全面檢討中央對公共建設補助機制，落實預算與計畫之整合與分配；整合開發計畫與財務計畫制度，使政府投入之資金及土地開發達到最大效益。

（六）改革政府土地使用管理及審議機制，簡化土地使用管制規定，因地制宜使管制更具彈性；並簡化審議流程。

（七）活絡公有土地支援建設，將閒置土地資產，透過都市更新、合作開發等方式，循環運用其開發利益。成立專責規劃及開發機構，並研究建立都市棕地納入土地儲備資料庫之機制。

（八）檢討建立合理回饋及開發負擔制度，包括限制發展地區救助、回饋及補償機制，落實受益（污染）付費及受損（施益）補償原則；及檢討都市計畫回饋負擔方式、額度及繳交時間等，依開發行為對環境衝擊及經濟發展貢獻度等因素綜合考量，訂定合理且具彈性之開發義務負擔機制。

行政院經建會已依「國土空間發展策略計畫」，落實推動整合型跨域發展計畫、旗艦型計畫、三大城市區域建設計畫（如大高雄地區整體綱要計畫、台中都會區域或台北都會區域建設計畫）、東部永續發展綱要計畫、離島建設方案等，以及研擬國土保安及復育計畫、氣候變遷調適綱領及國家行動計畫等，以達國土發展之願景。

針對區域治理也已推動下列重要工作：

（一）推動區域合作平台與機制

由於精省以後中央政府直接面對 25 個縣市，使得一定規模空間內的跨區域事務處理機制頓失。今為推動七大區域內之直轄市及縣（市）政府共同參與成立各區域發展合作平台，該平台定位為推動區域合作之組織（RPO，Regional Planning Organization）。

區域內之共同事項，如整體發展規劃及重大公共建設，應先經過平台討論、協調，以建立共識，再進行審議，最後形成共同提案，並推動實施建設。中央計畫型之補助，應符合平台審議通過之整體發展規劃，或經該平台審議通過之區域型計畫為優先補助對象；地方申請中央補助者，亦應以跨縣市之區域型計畫，且經平台討論後具共識者為優先，以達到區域內各縣市共享共榮的效果。

（二）輔助離島、東部及原住民地區發展

1. 建立弱勢地區的協助機制：對於相對弱勢地區將以地區性差異優惠措施及地區性公共投資等做為誘因，引導及強化其發展條件；對於絕對弱勢地區則研究以所得轉移之公平對策，協助其維持應有的合理生活品質，避免不適當建設，以創新思維鼓勵其發展獨特資源。

2. 持續加強照顧東部及離島建設：中央政府應積極改善東部及離島對外交通；並持續適時主動推動各項發展計畫或公共建設計畫，並進行必要之所得補貼與移轉，以達到地方適性發展之實質與心理需求。另配合東部地域特性，依據「花東地區發展條例」推動綜合發展實施方案，以有效促進東部地區發展。

3. 尊重原住民自治權利：對原住民族地區之土地利用、管制及開發，應尊重原住民族之意願，以保障原住民族之自主發展權。研究原住民保留地重要自然資產，建立以部落為單元的公共財制度，設置基金，使部落原住民共享原住民保留地的開發利益，並推動自然保育公約。

（三）全面檢討中央對公共建設補助機制與計畫財務方案

1. 調整國家預算編列額度及分配制度

要求各機關規劃擬訂部門中長程建設計畫，並由區域空間整體發展觀點，整合相關公共建設，強化區域治理、跨域合作之全方位之整合綜效。

2. 各級政府預算與計畫之整合與分配

配合地方發展需要，因地制宜規劃相關基礎公共建設，各級政府合理分擔財源。調整預算及資源運用優先次序，鼓勵並優先補助跨部門、跨域之整合型公共建設計畫，以發揮資源運用最大效益。

3. 推動跨域加值公共建設財務規劃[2]

為使政府投入之資金及土地開發達到最大效益，應建立跨部門整合型開發計畫，結合公共建設與土地開發，以提高公共建設計畫之自償率。考量國家財政資源日形緊縮，未來公共建設投資計畫必須以創新思維之財務規劃方式，透過整合型開發計畫，從規劃面、土地面、基金面、審議面等多元面向，將外部效益內部化，提高計畫自償性、挹注公共建設經費及籌措未來營運財源，以達成減輕政府財政負擔；行政院於 2012 年 7 月核定通過「跨域加值公共建設財務規劃方案」，運用公共建設影響範圍之增額容積引導都市發展，以擴大計畫效益，並以租稅增額財源，活化資金運用，以利計畫未來收益提前實現，同時研議建立民間財務主導公共建設（PFI）制度及推動異業結合行銷策略，以活絡民間投資機會。

自 2011 年起推動跨域加值之財務規劃，歷經 2 年多來的努力，已積極協助排除各部會執行困難及本位立場。至今，業於行政院核定計畫納入跨域加值策略計有 18 案，粗估可減少政府財政負擔 1,044.91 億元，改以自償性效益經費支應，並使各計畫自償率約可提高至 35.7%。

---

[2] 行政院，2012/7。〈跨域加值公共建設財務規劃方案〉。

（四）推動土地使用審議機制之改革

1. 審議面：進行審議層級之檢討，明確分工中央與地方土地使用變更審議權責，原則上由地方政府提出之計畫，由地方政府審查，而大規模或特殊開發案由中央政府提出者，再由中央審議，以簡化審議流程，落實一級一審制。合理界定審議範疇、內容及標準、開發許可及區段徵收相關辦理程序及介面；環境影響評估則配合土地使用變更下授地方政府審議，並採聯席方式辦理。至於目的事業、水土保持及農業主管機關審查則採併行作業，以橫向介面聯繫提升審議效率。但基於國家最終利益考量，內政部仍保有對於地方審議通過案件召回之權利。

2. 管制面：檢討現行土地使用管制方式（正面、負面表列或績效管制），逐步整併都市計畫法各施行細則，簡化土地使用管制規定，建立因地制宜之土地使用管制制度，同時檢討非都市土地之容許使用；而為避免僵化，未來可考量浮動分區之彈性管制方式，並考量將專區土地使用管制之權責回歸中央目的事業主管機關。

3. 其他配套措施：明確規範各類委員會委員審議方式及權責。針對關鍵性環境基本資料建置整合型國土資訊系統，免費提供申請人快速查詢。

貳、區域發展構想

依據「國土空間發展策略計畫」未來我國區域空間發展，由提升國際競爭力觀點，將西部創新發展軸可再劃分為三大城市區域，各自賦予功能，分工合作。

一、城市區域的崛起

全球化的興起，已不再是國家與國家的競爭型態，然面對全球競爭市場，讓許多城市必需結合成為城市群共同發展，進而形成新型態的城市區域。根據國際所形成城市區域競爭態勢來看，分析具國際競爭力之城市區域需整合及創造出下列之特點：
1. 高科技研發能力
2. 高品質之生活及工作環境
3. 高效率之空間發展及產業活動
4. 有效的公共建設投資

基本必備條件則為：
1. 國際聯結——擁有國際機場與港口
2. 具備中心都市及學習區域
3. 足夠的工商業腹地
4. 區域內擁有便捷的交通系統

就國內目前西部發展情勢，受高鐵行車時間及設站地點影響，未來國土已明顯朝北、中、南三大城市區域發展，強化以城市區為範圍的整合治理工作，致力建立城鄉伙伴關係，避免內部的零和競爭模式。而各城市區域在國家層次則採彼此合作的策略，各自發揮區域優勢，透過分工整合、優勢互補，提升國家整體競爭力。

二、三大城市區域[3]

就國內目前西部發展情勢，受高鐵行車時間及設站地點影響，未來國土已明顯朝北、中、南三大城市區域發展，強化以城市區為範圍的整合治理工作，致力建立城鄉伙伴關係，避免內部的零和競爭模式。而各城市區域在國家層次則採彼此合作的策略，各自發揮區域優勢，透過分工整合、優勢互補，提升國家整體競爭力。

（一）北部城市區域發展構想

1. 範圍：由宜蘭至北苗栗（銅鑼以北）區域。
2. 定位：是國家首要門戶、經貿核心、創研與文化國際都會及高科技產業帶。
3. 核心都市：台北都會地區。（台北市及新北市）

北部城市區域內的城鄉發展已大致成型，惟蘭陽平原應逐步強化其區域核心的機能。區內產業活動興盛，各類工商服務發

3　自行政院，2010/2/22。〈國土空間發展策略計畫〉。

達，加上國際海空港運輸便捷、軌道運輸系統漸趨完善，各種文化設施走向精緻化發展，使北臺城市區域整體服務機能漸趨完備，未來本區的整體發展應以「提升品質」為要務。

由於東亞（日本、韓國）都市的競爭，以及中國經濟興起後的重點城市快速發展，未來應掌握北臺特有的優勢，採差別化的發展政策，突顯區域的獨特性，展現國際競爭力。

（二）中部城市區域發展構想

1. 範圍：由南苗栗（銅鑼以南）至雲林區域。
2. 定位：優質文化生活中樞及新興科技走廊國際都會。
3. 核心都市：台中都會地區。

中部城市區域之城鄉發展區塊規模不大且結構較鬆散，未來在不大幅擴大發展區的前提下，可藉高鐵站區、主題計畫園區、海空港區等計畫，發展出數個新的次區域核心，並加強各核心、成長中心之間的運輸服務，強化城市區域內的整體網絡結構，並維持適宜的中小發展規模。

中部城市區域位於臺灣地理中樞區位，長期以來因彰濱工業區、麥寮六輕石化專區、台中港特定區及擬議中彰化大城石化專區，已使海岸地帶占滿重工業，往內陸則為中部主要城市之分布，未有一市獨大，反而孕育出相對低密度、悠閒且具人文氣息的生活風格，但台中市近年及未來已有脫穎而出之勢，未來應強化與生活休閒有關的創新產業發展。彰雲濱海地區的基礎產業、中部科學園區各基地的開發及中興新村高等研究園區等研究資源的進駐，形成中部科技走廊的雛形，未來潛力雄厚。

（三）南部城市區域發展構想

1. 範圍：由嘉義至屏東區域。
2. 定位：國際港都及文化與海洋雙核國際都會。
3. 核心都市：高雄與台南都會地區。

　　南部城市區域具雙核都會特性，台南以行銷精緻歷史文化空間、高雄以營造經貿與物流網絡為強項。臺南、高雄兩個都會核心距離不遠，且皆有擴張趨勢，有必要強化與引導雙核之間的城鄉成長軸帶，使南臺城市區域的發展更趨緊密。由於區內製造產業發展成熟，工業發展歷史久遠，惟製造業外移嚴重，區內製造與物流產業頗受衝擊，亦使高雄去工業化程度加速，但近年高雄亟思轉型，以創意、數位軟體、水岸觀光及利用高雄港與大陸東南新崛起之港口，成為港群，既競爭又合作，為台海二岸佈局形成產業鏈。

三、七個區域生活圈

　　除了以三大城市區域進行跨區合作發展外，參考新加坡或香港人口或土地規模，適當將國土空間劃分為北北基宜、桃竹苗、中彰投、雲嘉南、高高屏、花東及離島七個區域成為生活圈，希望在每個區域生活圈內，均有相當人口與腹地支撐其區域之發展與消費市場，所投入之公共建設亦較具經濟效益，每個區域可根據區域內產業特色與地理環境各自定位，創造各區之特殊競爭優勢，對於花東及離島區域，則必須再輔以其它特別措施、計畫

或法案，來強化其發展，如此才能逐步達到區域均衡發展，並朝向各個區域發展成獨立經濟體之終極目標。

參、區域產業發展[4]

產業是國家經濟發展的磐石，產業競爭力則是國家競爭優勢的具體呈現。產業政策重點訴求在強調以政府公共力量，透過金融、財稅、貿易、公共建設、行政指導乃至教育訓練等政策及措施，改變企業生產成本、產業結構與國家基礎資源分配，以創造產業發展的有利條件。

區域產業直接關聯國家產業政策與國土空間利用之重點項目，未來期望透過區域產業之發展，重啟台灣經濟動能，展開國家總體產業開發的新一波投資。為配合區域產業發展政策，經建會提出「產業有家，家有產業」計畫，並作為政府黃金十年「全面建設-區域均衡」之重點施政計畫，目的是要促進區域產業發展，將國內外資金及投資優先引介至產業適合發展之地方，除讓新興產業有落腳的地區外，每個區域也有主打的產業，進而達到提升產業國際競爭力、振興在地經濟、創造在地就業及促進區域建設均衡等目標。

---

[4]　行政院經建會，2012/4/22。〈產業有家，家有產業〉。

一、區域產業推動目的

（一）強化地區之經濟發展潛力及區域投資的有利條件

考慮各地區的自然資源稟賦條件，資源環境承載能力、經濟發展水準和區位優勢等因素，強化地區之經濟發展潛力及區域投資的有利條件，同時明訂各自的發展定位，確定各自優先發展的主導產業，避免開發區之間的同質化競爭，以創造具競爭力的區域經濟。

（二）產業發展適地適性，繁榮地方經濟

透過地方發展產業之優勢及意願，找出具競爭力產業項目，同時配合投資區位及時程，整合投入發展產業所需的軟、硬體建設，強化產業發展環境。

（三）均衡區域發展機會，促進在地就業

創造就業並搭配產業人才培育，致力於加強相對發展緩慢地區的再生與開發，讓大家都有能力工作及有在地就業的機會，促使各區域發展機會均等。

（四）發展區塊產業，讓區域品牌國際化

透過跨域整合提升產業經濟規模，並結合「全球招商，投資台灣」計畫，引導資金及國際技術投入，提升區域產業國際競爭力，讓台灣更多的城市或區域走上國際。

（五）配合區域產業群聚，建立區域創新系統

21世紀知識經濟時代，強調創意、創新、技術、研發之智慧資本的重要性，產業發展除重視「成長力」外，「創新力」更是創造商品附加價值的核心力量，因此，搭配區域產業群聚，應強化區域創新研發能量及合作，提供區域產業群聚所需創新系統與環境。

二、推動區域產業政策意涵

產業是國家及區域經濟發展的重要根基，區域產業競爭力則是區域競爭力的具體表現。推動區域產業發展，強化地方優勢產業，不僅可提升在地就業與促進地方繁榮，並可達到國家區域經濟均衡發展，提升區域競爭力的目標。為推動區域產業發展，應先進行區域產業佈局分析，俾確立區域未來政策發展方向。

（一）研析區域產業結構

透過中央主管部會與地方政府依據產業的經濟特性、技術、群聚、人力、基礎設施、產學合作、土地、規模市場交通運輸、生活機能及地方綜合條件，同時考量該地區吸引投資之誘因與優惠措施，對新興產業的空間分佈進行合理評估，分析各產業最適合發展的地區。

（二）建構我國區域產業發展藍圖

規劃我國區域產業佈局，讓產業適地適性在具競爭力優勢地區發展。未來政府將搭配各地區優勢產業的發展，投入所需之軟硬體建設與人才培育資源，使各區域公共建設與學研能量均衡發展。

（三）強化區域產業群聚

以產業佈局藍圖，確立相關產業聚集區域，推動產業的在地分工，將相關產業集中於區域內，強化產業群聚效果，降低廠商生產成本，達成規模經濟效益，強化區域產業結構升級與轉型。

（四）推動區域間合作互補

建構區域產業藍圖的分佈，同時也將反映出區域分工的重要性。在全面提升我國國際競爭力的目標下，促進各區域之間彼此分工合作，讓任何一個區域都為其他區域服務，其他所有區域反過來也為該區域服務，達成區域互補合作，共同推動區域均衡發展。健全產業投資環境

透過中央與地方合作，健全產業發展地區所需之人才及學研機構，優先支援產業所需交通、水電和通信等基礎建設；並透過全球招商，將投資者直接引介至地方。同時利用異業結合及創新加值、建立區域品牌及共同行銷、投資障礙排除等各種配套措施，加強地方經濟發展能力與實力，使地方的投資環境具備優越性，進而引導更多的資金和勞動力等生產要素投入該地區發展，提升區域產業競爭力。

三、推動「產業有家，家有產業」計畫

（一）推動構想

行政院 98 年起陸續提出二十大新興產業，作為我國未來產業發展與政策；99 年起本會也為因應五都改制，加強推行區域治理，積極推動區域產業，提升區域產業國際競爭力。為強化區域發展與治理，促進區域產業發展，將國內外投資優先引介至產業適合發展之地方，本會去年開始推動「產業有家，家有產業」計畫，目的在於讓產業有落腳的地區外（產業有家），每個區域也有主打的產業（家有產業）。未來政府將配合各區域優勢產業發展，投入所需之軟硬體建設與人才培育資源，使各區域公共建設與學研能量均衡發展，達到均衡區域發展，促進在地就業，區域品牌國際化等目標。

（二）具體作法

為找出地方具競爭力產業，經建會 100 年透過「產業有家，家有產業」計畫兩階段座談會，除獲得區域產業相關評估分析所需的資料外，更重要的是將區域產業概念在中央與地方之間充分的宣導、溝通與討論。

同時，經建會運用相對發展優勢、規模經濟、產業群聚及其他加值條件等分析地方產業特質，並從產業發展條件評估、研析區域特色及優勢產業、產業綜合評估、地方強棒產業等資料，完成區域產業發展藍圖初稿，挑選出全臺各區域具競爭力之產業。

為鼓勵地方政府依區域產業空間發展藍圖，並以「跨域加值」的概念扶植地方優勢產業，由地方政府自行整合相關資源提出 23

項「地方產業發展計畫」，包括台灣竹文創產業聚落可行性評估計畫、中臺灣精密機械產業群聚、金門縣白酒產業發展規劃等。目前內政部進行臺灣北、中、南、東部區域計畫通盤檢討，以及各縣市政府進行區域計畫檢討時，將以將區域產業空間發展藍圖，作為地方產業發展規劃之參考；至於經濟部的國家整體產業政策，也將參考區域產業空間發展藍圖，適時檢討我國產業空間分布與發展。

肆、區域合作平台

　　生活圈逐漸擴張使得地方政府所面臨的問題及需要回應的公共需求，已經從過去單純的只需面對單一行政轄區內的問題，演變成複雜、多面向的跨部門、跨區域事務，因此，藉由公私合夥、全面性思維及協力互助等途徑，克服行政區劃與地理空間阻隔之影響，所進一步建構出的「空間伙伴關係」（spatial partnerships），將逐漸成為未來處理區域空間事務的趨勢；正因為透過合作的方式，從都市發展、財政分擔、基礎建設及生活圈建構等面向進行整體規劃，集結區域內各縣市力量，並共同分享彼此資源，如此一方面可促使地方資源得以永續經營，一方面也平衡了地方發展和區域競爭的落差，幫助城市的形塑，從而使得地方特色能被充分發揮出來，為未來提供更多的發展空間；當我們面對中國上海、香港、新加坡、南韓首爾等亞太地區競爭對手的城市整合，各縣市唯有透過這樣的合作方式，才有機會提升臺

灣在全球城市區域（City-region）間的競爭力，並加速國際化的
腳步。

一、跨域資源整合與區域分工治理[5]

　　目前我國行政轄區過小的單一縣市或生活圈已無法面對全
球化成為一個有效率運作的單元經濟體，也不符合區域獨立治理
的規模，包括產業的佈局、交通的建設、水土的治理、都會的發
展等都面臨相當的困境，為提升行政效能與整合區域資源，跨區
域合作機制的建立已成為國際上的共同趨勢，區域內各地方政府
為求民眾福祉最大化，必須整合彼此的資源和行動，合作解決共
同問題，提升地方競爭力。

　　區域發展已是全球主要許多先進國家提升國家競爭力與促
進國家發展進步的核心課題之一。為了提升國家競爭力，許多國
家正積極思索如何將國內資源進行有效的整合與運用，以促進國
家的發展與進步，在眾多跨行政界線治理的問題挑戰下，「單一
區域」的治理機制已出現了限制，使得強調跨域資源整合運作與
分工的區域治理模式日漸變得重要；因此全球都市最主要的改變
形式，大多是採取都市結盟或區域合作，甚至是跨越國家界限，
形成強大都會區或區域體。

　　在區域發展的概念中，其中「區域合作」是各國近來日益
重視的課題，因區域合作的概念超越了不同範圍的行政區域，
並以求取建立整合性的功能作為主要訴求，以解決區域內地方

5　行政院，2012/5/30。〈國家建設總合評估規劃中程計畫〉。

資源與建設不易協調或配合的問題。對於區域合作的發展可區分如下：

（一）多數公共設施皆具有不可分割性，在資源有限的情形下，需以整體效益為最大考量。

（二）公共建設項目具有其最小門檻的特性，可經由區域內的各縣市的共同規劃與提供，使資源分配更具效率。

（三）多數議題皆涵蓋多個縣市範圍，例如交通建設、產業發展、河川流域及水資源等。

（四）區域合作治理能將城市發展所產生的不經濟予以內部化，如空氣污染對鄰近縣市的衝擊。

我國縣市合併議題於 98 年 6 月確立五都格局之後，透過五都帶動臺灣區域發展成為三大生活圈（北臺灣、中臺灣、南臺灣）及七個區域（北北基宜、桃竹苗、中彰投、雲嘉南、高高屏、花東、澎金馬）的格局發展。針對各區跨域合作議題而言，進行跨區域整合的區域發展議題，以及同一區域間縣市的合作與發展，是目前中央政府與地方政府最為關注的重點之一。每個區域由於地理環境、空間條件、歷史發展、自然與人文條件、產業特性等各項資源多具有不可分割性與互補性，為追求成長共榮，推動區域合作已經是不可抵擋的潮流與趨勢。區域合作除可促使地方資源得以永續經營之外，亦可平衡地方發展和區域競爭的落差，協助城市的形塑，促使地方特色得以充分發揮，為未來提供更多的發展空間。

依據「國土空間發展策略計畫」，建議推動七大區域內之直轄市及縣（市）政府共同參與成立各區域發展合作平台，該平台定位為推動區域合作之組織（RPO，Regional Planning Organization）。區域內之共同事項，如整體發展規劃及重大公共建設，應先經過

平台討論、協調，以建立共識，再進行審議，最後形成共同提案，並推動實施建設。中央計畫型之補助，應符合平台審議通過之整體發展規劃，或經該平台審議通過之區域型計畫為優先補助對象；地方申請中央補助者，亦應以跨縣市之區域型計畫，且經平台討論後具共識者為優先，以達到區域內各縣市共享共榮的效果。

二、國內區域合作平台推動成果

　　我國各縣市間的區域合作在政治、經濟與永續發展等環境因素的牽引下，近年來，合作模式已逐步從零星個案式的府際合作，擴展出多重任務的區域聯盟合作型態；合作機制也逐漸由非正式的聯繫協調，逐步趨向制度性協議發展。過去國內發展區域合作，從早期的「中央主導模式」到近 10 年來的「地方自主模式」，其實成效非常有限；縣市改制之後，行政院經濟建設委員會為進一步落實國土空間發展策略，推動區域合作平台與機制，於 2009 年開始建立「中央協助地方模式」，包括過去以招商投資計畫為推動主軸的「中臺灣產業聯盟」，在經建會支持下，於 2010 年轉型為「中臺區域發展推動委員會」；雲嘉南地區則在藍綠政黨分治的現實環境，從無設立區域合作組織，到 2010 年也正式成立「雲嘉南區域建設委員」，並於 2011 年正名為「雲嘉南區域永續發展推動委員會」，標榜永續經營的區域發展策略與產業型態；至於既有之「高高屏首長會報」，因縣市長選舉之政治因素已停止運作一段時間，目前改由本會協助成立之「高屏區域合作平台」繼續推動跨域合作事項。

回顧過去區域合作發展歷史，高雄市曾於 2002 年為建構南台灣區域發展願景與目標，而發起南部七縣市首長論壇；行政院南部聯合服務中心也辦理過南部八縣市會報，但由於未能創造共同利益，且在個別利益無從協調的困境下無疾而終。行政院經濟建設委員會為解決各縣市缺乏資源分配工具與協商合作之平台的困境，極力促成雲嘉南區域合作平台之成立，在經建會的努力下，雲嘉南五縣市於 2009 年 7 月首次召開「雲嘉南區域縣市聯盟會議」，並於 2010 年 1 月 19 日召開雲嘉南區域合作平台的籌備會議、同年 5 月 6 日發布實施「雲嘉南區域建設推行委員會設置要點」，據以成立「雲嘉南區域建設委員」，以協調並整合推動雲嘉南區域發展整合性計畫及實施事項之研究與建議、推動經費之籌措與協調事項等主要任務。

　　目前國內區域合作已形成一股氛圍，各區域合作平台原則每年均會召開一次首長會議、兩次副首長會議與多次的專案工作小組會議，透過平台會議的推動，不僅可加深縣市政府間的經驗交流，對於跨域式議題也能提供正式溝通機制，對國家長遠發展來說均是值得持續推動的工作。

三、區域合作計畫執行成果

　　為實際推動國內區域合作發展計畫，經建會編列「國家建設整合計畫」補助經費，鼓勵縣市政府透過區域合作平台申請辦理「跨域合作計畫」之規劃經費，依地域特性進行區域內分工，並透過區域內公共建設、產業發展、土地利用、城鄉開發等基礎建設的空間布局，提供完善的生活機能與優良的公共服務品質。

（一）98 年度跨域合作計畫：主軸為鼓勵「跨縣市」合作，計畫
類型主要包括觀光遊憩、交通運輸、土地資源利用、文化
發展等領域，所有計畫內容均要求必須跨越二個以上之行
政轄區，其目的在讓各縣市政府了解並接受區域合作的重
要性。

（二）99 年度跨域合作計畫：配合行政院核定通過「國土空間發
展策略計畫」，計畫主軸項目內容包括：1.產學研整合發
展、2.策略性地區發展、3.運輸系統與土地使用整合、4.
文化觀光、5.氣候變遷調適、6.其他符合計畫精神者等六
大類，計畫主軸為鼓勵「跨部門」合作，例如交通建設結
合土地開發、文化發展結合觀光遊憩等，目的係透過財務
規劃的整合評估，建立提高財務收益的方式推動公共建設
計畫之機制，以確保外部效益內部化之精神。

（三）100 年度跨域合作計畫：主軸為鼓勵地方政府整合區域內
發展優勢條件，促進區域產業發展，落實產業有家家有產
業之計畫，以增進地區經濟活力與轉型的動能，提升民眾
的薪資所得與及消費能力。

（四）101 年度跨域合作計畫：主軸包括「地方氣候變遷調適計
畫」、「地區經濟振興計畫」、及跨域型合作規劃等。

CHAPTER 6

台灣對中國次區域經濟戰略：以小三通為個案

【Author】邱垂正

現任　　國立金門大學國際暨大陸事務學系助理教授、國際暨兩岸事務中心主任。

學經歷　臺灣師範大學政治研究所法學博士、台大國發所碩士。曾任國立金門大學主任秘書、國際暨大陸事務學系系主任、行政院大陸委員會辦公室主任、立法院國會辦公室主任、自由時報記者等職務。主要研究領域為兩岸關係、國際政治經濟學、港澳研究、和平學等。

壹、背景簡介

　　交通是島嶼經濟的命脈，為推動離島開發建設，健全產業發展，並增進兩岸關係正常化，行政院於 2000 年頒佈「離島建設條例」作為離島地區綜合發展的法源根據，並依此條例第 18 條規定[1]訂定「試辦金門馬祖與大陸地區通航實施辦法」（簡稱「小三通」），於 2001 年元月 1 日正式開放金門、馬祖兩地做為兩岸通商通航的試點；至今 12 年以來，小三通儼然已成為海峽前線經濟發展的主要途徑與機會之窗。以兩岸關係互動而言，小三通政策也是兩岸政府維繫最久的直接通航渠道，也是兩岸直航前的試金石，扮演著促進兩岸關係中轉化與正常化的角色定位，對兩岸和平發展有著無可取代的階段性功能。

　　在小三通政策推動初期，台灣政府基本係以「除罪化」及「可操之在我」的務實作法做為重點優先試辦，目的在於進一步促進金馬地區之建設與發展。過往，由於與福建地理位置相近及迫於生活所需，金馬沿海走私行為盛行，難以遏止。政府的考量，係希望藉由有條件開放直接貿易，針對不必然需經兩岸協商即可運作者（包括中國已開放事項、中國方面給予我民眾待遇之合理性、以及我方主動開放後不致衍生複雜問題等方面，選定優

---

[1]　離島建設條例第 18 條：為促進離島發展，在臺灣本島與大陸地區全面通航之前，得先行試辦金門、馬祖、澎湖地區與大陸地區通航，臺灣地區人民經許可後得憑相關入出境證件，經查驗後由試辦地區進入大陸地區，或由大陸地區進入試辦地區，不受臺灣地區與大陸地區人民關係條例等法令限制；其實施辦法，由行政院定之。

先開放項目），建立明確規範制度將存在多年的非法邊區貿易納入管理，讓小額貿易或非法岸邊交易有了除罪化的法律機制。

由於當時兩岸政府對「一個中國」立場殊異，兩岸兩會無法進行協商，小三通的措施雖然務實，但仍屬於台灣方面的片面開放。因此，開放初期，小三通不但受到外部中國政府的軟抵制與冷處理，中國地區人民往返前三年累計尚不足 1.1 萬人次；台灣內部甚至也因為部分廈門鄉親生活受到強制管理影響，屢屢與岸巡隊員迭有衝突事件傳出，可謂遭遇內憂外患，小三通政策初期並未獲得預期成效。

不過在兩岸雙方經過三年的磨合與測試後，小三通作為培養兩岸善意互動的基礎，逐漸點滴積累培養出兩岸政府與民間某種程度務實感。2004 年 9 月，中國方面主動宣佈開放福建省居民到金馬旅遊，2005 年 5 月中國國家旅遊局更提出「閩台旅遊交流」的八項新措施支持小三通政策的發展。自此階段開始，小三通優勢效應開始發酵，至 2007 年止每年平均增長 10 萬人數，呈現穩定發展，逐漸凸顯兩岸便捷化往來優勢。

在 2008 年 5 月台灣完成二次政黨輪替後，兩岸關係呈現和緩趨勢，海基、海協兩會重啟協商，同年 6 月立即通過「小三通人員往來正常化」實施方案、9 月再通過「小三通正常化推動方案」，更擴大金馬成為兩岸人員往來及交流的捷徑。累計小三通施行至今，兩岸往返人數不僅已突破一千萬人次，往來人數亦迭創歷史新高，2010 年兩岸中轉往返人數 144 萬人次，2011 年高達 151 萬人次，儼然已成為港澳之外，兩岸另一個重要的中轉管道。不但值得注意的是，2012 年開始在兩岸直航市場壓力下，金馬小三通開始出現逆成長，微幅退至 149 萬人次（參

見表一），至 2013 年前八月人流衰退持續中，是否已進入結構性衰退發展？因此重新思考小三通的功能定位，刻不容緩。

表一　歷年金馬小三通統計表

單位：人次

年度	入境人數				出境人數				入出境人數總和
	台灣地區人民	中國地區人民	外國人民	總人數	台灣地區人民	中國地區人民	外國人民	總人數	
2001年	11,693	1,041	-	12,734	11,729	1,006	-	12,735	25,469
2002年	27,485	1,358	-	28,843	28,087	1,254	-	29,341	58,184
2003年	79,350	3,760	-	83,110	81,759	2,488	-	84,247	167,357
2004年	201,077	12,409	-	213,486	202,371	11,344	-	213,715	427,201
2005年	258,426	18,607	-	277,033	258,243	19,997	-	278,240	555,273
2006年	290,818	41,929	-	332,747	294,769	41,410	-	336,179	668,926
2007年	333,441	53,322	-	386,763	338,618	53,284	-	391,902	778,665
2008年	472,582	43,714	2,089	518,385	481,740	43,350	2,528	527,618	1,046,003
2009年	565,529	108,067	10,419	684,015	568,724	109,358	10,308	688,390	1,372,405
2010年	531,439	174,533	12,533	718,505	531,002	180,703	12,360	724,065	1,442,570
2011年	539,200	199,801	15,735	754,736	538,781	204,847	15,654	759,282	1,514,018
2012年	524,957	179,485	16,750	739,192	519,036	218,467	16,753	754,256	1,493,448
2013年 1-4月	167,980	48,301	5,456	221,737	163,455	54,464	5,389	223,308	445,045
合計	4,003,977	904,327	62,982	4,971,286	4,018,314	941,972	62,992	5,023,278	9,994,564

資料來源：內政部入出國及移民署。

貳、現況及問題分析

自馬政府上台以來，迄今已進行八次「江陳會」，簽署了近二十項兩岸協議與重要共識，包括兩岸直航、陸客來台、司法互助，以及兩岸經濟合作協議架構（ECFA）等等，兩岸關係不但從過去非正常化逐漸到正常化，甚至在經貿方面呈現緊密化關係，累積相當成果。期間除了多方的共同努力外，十幾年

來小三通對兩岸所營造善意和解、培養雙方合作默契的關鍵作用著實功不可沒。

就時間角度而言，小三通是目前兩岸雙方維繫不中斷最久的互動管道。過去十年兩岸政府雖曾因政治立場不同，常引發緊張對立情勢甚至陷入關係惡化，低盪影響著小三通的流量，但小三通的運作與暢通卻始終沒有被政治氛圍所削弱，係目前唯一一項歷經連續超過十二年仍完整地被兩岸政府所刻意遵守的兩岸政策，標記著兩岸和平發展的重要階段。

從空間座標來看，小三通則是兩岸營造和平重要的指標位置，金門鄰近大陸曾歷經國共血戰，飽嚐砲火摧殘達三十年之久，小三通實施，讓金、廈從過去兵戎相見的前線，轉化為台海和平互信的試點，對兩岸雙方而言意義深遠。亦即，小三通實際還發揮著新功能主義的外溢效果（spillover effect），[2]為日後兩岸互動提供新制度建立的路徑依賴（dependent path），[3]不僅讓金、馬有機會從台灣的邊陲離島，成為兩岸往來的前沿平台與交會點，更為日後兩岸大交流、大合作、大發展形勢奠下必要的基礎。

過去十年已經證明，小三通不但是兩岸善意合作累積的寶貴資產，更是雙向互利制度標竿。然而在亮麗數據背後，卻潛藏著小三通未來可能面臨的隱憂。首先，小三通中轉人數雖多，但並非意味就會帶來經濟產業的豐碩成果，除了特定的船運公司、免稅店、餐廳之外，「過境不過夜」、「過境不消費」已成為金馬鄉

---

[2] Hass, Ernst B., Beyond the Nation-State: Functionalism and International Organization (Stanford: Stanford University press, 1964), p. 48.

[3] Peter, B.Guy, *Institutional Theory in Political Science: the new Institutionalism* (London, New York: Pinter press, 1999), pp. 63-77.

親心中難說的痛。「小三通」便捷化程度，在兩岸往來的時間成本與機船票價成本雖具優勢，「小三通」可持續發揮中轉功能，但因直航隨後就擴大開放，金門並未取得太大的中轉利益，加上金門觀光基礎設施不足，呈現「過境不過夜」、「過境不消費」，現階段中轉功能並未帶給將金門當地大多實質經濟效益。

其次，小三通實施十餘年來，兩岸長期嚴重失衡的問題始終未獲得解決。亦即，在兩岸雙方利用小三通管道的數據統計上，可明顯看出我方民眾利用該管道大幅多於對岸的趨勢，累計在民進黨執政期間小三通兩岸人流失衡高達 9.1 倍，國民黨執政後將小三通擴大開放後，至今仍有 4.6 倍之差距。[4] 此一失衡問題對金馬地區經濟效益大打折扣，甚至出現金馬當地需求外移的失血現象。

再則，2008 年以來政府放寬小三通政策，大多數政策取向在於取消管制，政府的角色基本上是一種不作為的消極性放寬政策，政府積極性強化小三通功能部分較少，例如所謂水頭碼頭「落地簽」仍屬於「來岸取證」性質，必須前一日提出申請，又如縣政府爭取廈門旅遊團的「金門一日遊」，申請案件爆增，卻未見中央政府增補人力物力，顯示政府再強化小三通軟硬體，提升小三通功能升級方面，態度保守並不積極。

此外，擴大小三通開放所產生中轉需求功能，其實係屬「大三通」的短期需求，直航後是否引發假性需求或過渡投資衝擊地方經濟雖然尚未發生，但事實證明，小三通中轉需求雖在直航後

---

4 2008 年 5 月底台灣人民經小三通往返中國累計人數為 269 萬 7 千人次，中國人民往返小三通為 29 萬 5 千人次的 9.1 倍，若加入馬政府執政後之數據（2012 年 8 月底止），台灣人民往返中國累計人數為 735 萬人次，中國人民往返約為 161 萬人次，比值降為 4.6 倍。

仍能發揮功能，但漲幅已不若過往動輒二位數以上的成長率，2010 年與 2011 年漲幅皆在 5%以下，2012 年出現首次的負成長，[5] 2013 年前七月較去年同期快速衰退達 11%。主要原因仍是兩岸空、海直航持續增強的市場壓力。

　　兩岸海空直航效應發威是小三通邊緣化的重要因素，近年來兩岸直航航點、航班快速增加，許多大陸地區二、三線城市與著名旅遊景點都與台灣直航開航，[6]從 2009 年開始，兩岸直航由 21 個航點，每週雙方共飛 108 班班次，到 2013 年 4 月底的 54 航點，每週雙方共飛 558 班班次，載運約 2,563 萬人次，不到四年，航點增加 2.5 倍，兩岸直航航班增加 5 倍，加上直航票價日趨合理化，甚至出現促銷價，直航市場力量與日遽增。除了空運直航之外，兩岸海運直航亦稀釋金門小三通人流，根據福建省交通運輸廳統計，2013 年 1-4 月福建沿海與臺灣本島地區海上客運直航船公司共運營 177 航次，同比增長 45.08%，運送旅客 4.96 萬人次，同比增長 27.27%。[7]而福建目前擁有三條直航臺灣本島的海上客滾班輪航線，分別是廈門至台中、廈門至基隆的每週定期班輪航線，平潭至台中的「海峽號」客滾輪快捷航線，這些海運直航增長都會加劇金門小三通邊緣化。

---

[5]　馬祖小三通人數於 2009 年達到 90,333 人次後，受直航影響開始明顯逐年下滑，至 2012 年僅剩 35,303，衰退速度十分驚人（請參見表一）。

[6]　兩岸自 2009 年 8 月 31 日起進入定期航班階段，截至 2013 年 4 月為止，大陸二、三線直航地點共計有 54 個航點，兩岸的定期班機為 558 班，請參見，行政院大陸委員會，〈兩岸十八項協議執行成效〉，2013 年 4 月，頁 9-10，《行政院大陸委員會》網站<http://www.mac.gov.tw/ct.asp?xItem=102611&CtNode=7361&mp=1 >。

[7]　胡善安，〈前個 4 月福建與台灣本島海上客運直航載客量增逾 27%〉，《中國平潭網》，2013 年 5 月 16 日，<http://www.pingtan.gov.cn/show.aspx?ctlgid=317176&Id=20778 >。

例如福建平潭與台灣基隆、台中的「海峽號」海運直航，2012年總計有 10 萬人次，2013 年預計加開平潭至台北港，加上另一艘客滾快速輪「麗娜號」順利加入營運，預計 2013 年底將達 20 萬人次。[8]而中國大陸為世界少有的人流管制嚴格國家，觀光人流往往可配合政策規劃，「平潭綜合實驗區」是大陸海西區建設的亮點與招牌，平潭海運直航的遊客數量勢必衝擊金馬小三通人流。

雖然政府口口聲聲強調：為使「小三通」運作更加順暢及更具規模，應透過與中國協商將「小三通」制度化利益於金馬民眾所享有，但馬政府為小三通加值化的確實努力不夠且認識不足，甚至背道而馳，[9]突顯出馬政府相關人員未能有將「小三通」制度化利益應朝向為金門加值化的觀念與作為，這種心態是小三通邊緣化的主因之一。

參、主張與建議

位於兩岸前線的門戶，小三通在不同階段有不同的目標：從中央政府的角度與高度，小三通開始時被當作是兩岸隔離半世紀

---

[8] 作者曾於 2013 年元月 24 日至 26 日於平潭實際調研，曾詢問平潭海峽號一年內如何能累積 10 萬人，負責官員表示，主要是大陸旅行團。未來在新船麗娜號加入營運，預計可增加另一個 10 萬人次。

[9] 例如自 2012 年起台灣交通部配合中方開啟福建平潭海運直航至台中港，且 2013 年繼續規劃直航台北港，未能正視平潭海運直航對金馬小三通的潛在威脅，未見陸委會介入協調。此外，2013 年更揚言離島航空票價非漲不可，更是嚴重威脅小三通競爭力。

之久的破冰之作，作為緩和兩岸關係的善意和解。後來，小三通又被當作是兩岸直航之過渡之作，是為準備「大三通」而展開之積極合作。直到現在，小三通這項位居兩岸最前線的政策工具，依然被賦予政治互信與經濟試點的重要任務，在推進兩岸永久和平的目標上是重要的里程碑，具有特殊的歷史地位。因此，如何不斷努力將小三通朝功能擴大與服務升級以結合兩岸政策之發展，不僅是發展離島經濟產業的必由之路，亦是未來開展兩岸關係的重要環節。

展望小三通的未來，台灣政府必須思考的重點除了在於如何避免小三通在大三通開放的衝擊下遭受到邊緣化，亦應將結合中國的區域發展規劃一併納入長期發展藍圖。當前小三通所呈現「正常化」功能，已隨兩岸直航與經濟緊密而式微；「中轉化」亦隨兩岸直航更趨便捷快速與多樣選擇，逐漸籠罩在邊緣化陰影之下。例如，台灣廈門海空運直接對開增加，或是平潭島開發在中轉功能的後來居上，都衝擊小三通的地位與效益。

2012 年以後直航市場需求逐步凌駕小三通中轉需求，日趨明顯，這段期間消長變化，也是「加值化」措施較少，甚至較為「空白」的一年，出現了邊緣化大於加值化，小三通人流出現逆成長，未來小三通將在「沒有加值化就是邊緣化」的消長拉拒。所以，無論中央政府或地方政府皆不應只在滿足過去小三通作為兩岸關係正常化領頭先鋒與兩岸民眾往來中轉化便捷通道的成就，應立即針對小三通的功能予以升級並強化加值創新。畢竟金馬乃離島地區，除非是金廈大橋獲得兩岸政府同意興建，否則小三通仍將是其最重要的交通、經濟命脈。若要永續經營小三通，不可能只依賴中轉功能，必須進一步將小三通制度化的利益朝向「為離島地區產業加值化」，才能確保小三通對在地的經濟效益。

一、中央政府應主導小三通功能轉型

由於小三通涉及與中國協商事務，必須仰賴兩岸兩會進行協商，台灣中央政府應主動透過與對岸協商，主導小三通功能轉型，將小三通制度化利益還於金馬民眾所享有。過去中央政府處理小三通業務時「工具性」色彩濃厚，目的主要還是以營造兩岸關係與擬定政策為主，小三通僅是處理兩岸關係階段性的工具，振興離島經濟為次要的思考。

從正常化、中轉化以後，小三通要進一步加值化，中央政府必須盡量回歸到「離島建設條例」的精神，協助地方政府推動小三通功能升級；只有在「離島建設條例」的框架下，獲得中央政府提供「先行先試」、「租稅減免」等優惠政策以及相關人力與經費挹注，小三通加值化才有可能。

二、應成立專責機構規劃管理小三通的發展

目前我國政府並無專業島嶼治理人才，多是以「陸地思考邏輯」為出發點，忽略離島嶼經濟環境的脆弱性，缺乏永續發展的計畫藍圖，例如提出「金馬中長期發展計畫」即以台北觀點看待離島，無限制的開發觀點，缺乏對島嶼生態冷靜關懷，對金門島嶼資源稀缺與特殊災害視而不見、放任不管，終令計畫與環境無法配合，很難有成就。

因此，加速推動加值化的具體作為上，中央政府也必須成立專責機構強化島嶼治理，將小三通功能加值化納入整體的發展計畫。此外，中央政府亦可重新思考「行政區重劃」問題。目前小

三通對於離島貢獻其實有限，離島對中央政府「工具性」的治理方式也頗有微詞，建議可參考過去日本東京都將偏鄉島嶼納入的行政區作法，例如過去研究曾建議將金門與台北市行政合併資源共享，以解決區域資源分配不均的問題，因此關於離島行政區劃的議題可持續深入探討。

三、應發揮「區域差異化」，帶動產業轉型

　　長期而言，要發展小三通加值化，不能僅靠中央政府的開放政策，地方政府也必須採取主動積極的態度，創造自身競爭條件。當前金馬等離島地區與廈門的經濟發展差距已越來越遠，如果沒有發展的主動性，只是被動的接受海西區的幅射，金馬終究只會成為廈門眾多的後花園之一。然而，金馬其實具備條件形成數個專業的發展核心，地方政府除應盡速針對水電資源開發、自由經濟示範區、擴大服務腹地，成為 MIT 品牌及優質服務業、對中國的示範櫥窗等方向努力，以在後直航時代繼續作為兩岸交流之先行試區外，如何發揮「區域差異化」創造產業誘因吸引人潮、錢潮，以作為吸引海外華人基地拉並近小三通兩岸失衡，應是當前迫切要解決的任務。

　　建議離島可先朝向醫療、觀光、文化產業發展，區隔中國大陸市場。其中醫療產業應邀請國家級的醫療中心與當地醫院合作經營，以提升醫療水準；觀光、文化產業則必須互相結合，相輔相成，包括：展現當地特色，融合島嶼風情、閩南文化、僑鄉景觀、戰地史蹟及高粱產業等，打造成為國際觀光島嶼，並推動周邊基礎建設，如改善碼頭設施、交通運輸以及尚義機場擴建等以提升旅遊條件。更重要的，金馬地區應繼續積極爭取「兩岸兩會」

在當地舉辦，一舉解決小三通人流簽證簡便措施、擴大金廈旅遊合作、甚至是籌設「金廈跨境經濟合作區」等新措施順利上路，再搭配中央擴大免稅範圍與優惠措施，相信短時間就能見到小三通進入加值化的新時期。

表二　小三通功能類型比較表

功能類型 比較項目	正常化	中轉化	加值化
政府角色	積極性	消極性	積極性
政策內容	建立金門與中國CIQS	擴大是用小三通的適用範圍	簡化簽證、提出政策優惠措施、落實投資計畫、促進金廈小三通產業合作
政策目標	• 除罪化。 • 解除軍事對立 • 建立與中國正常邊境管理關係	• 實現兩岸人流、貨流透過小三通中轉 • 避免直航後，邊陲化小三通	• 將「小三通」與金馬地區長期建設能進一步結合 • 確保「小三通」對金馬地區之實質經濟效益 • 推動小三通與中國海西區發展接軌，例如，金廈旅遊合作
離島的角色思考	工具	工具	主體
政策執行	2004年43萬人次，每年增加10萬餘人次，至2007年為77萬人次。	• 08年突破萬人次 • 09年137萬人次 • 10年144萬人次 • 11年151萬人次	• 小三通自由行 • 廈門赴金門延伸旅遊 • 地方政府提出各項投資計畫
功能評估	• 為兩岸直航積累經驗 • 促進兩岸關係發展的正常化	• 完成兩岸間的快速中轉 • 過境不過夜、過境不消費	• 小三通制度化利益應以繁榮金馬澎為主 • 小三通相關產業

近期金門縣、連江縣政府雙雙致力於海內外積極招商引資，提出各項投資計畫包括：水頭國際港經貿園區、莒光湖觀光飯店開發案、溪邊國際觀光休閒渡假村開發案、金門生態渡假園區、金門縣綠能產業專用區計畫案等等。其中，預估投資金額達 200億元的水頭國際港經貿園區，不但是投資金額最大的旗艦型投資案。更重要的就是，它一開始就是鑲嵌在小三通的中轉優勢，乃小三通功能升級轉型開始，是邁向加值化功能的新里程碑。其他如昇恒昌與台開的觀光旅館購物中心、莒光湖觀光飯店開發案等等，目的都在使小三通旅客不再只是「過境不過夜」或「過境不消費」的中轉站，而是轉為目的地，進而發展金馬離島之經濟產業，使小三通功能真正成為島嶼產業加值化的一項政策利器。

四、結合中國次區域發展規劃納入長期發展藍圖

　　在結合中國的次區域發展規劃上，應思考的焦點則應著重於如何從中國提出的規劃項目中找到小三通的發展機會。建設海西區成為兩岸試點和直接往來的綜合樞紐，是中國「十二五規劃」的政策之一，亦是「十一五規劃」的延續。未來，兩岸在 ECFA框架下持續發展，金門在台灣與福建海西區發展規劃的交流接軌中扮演著關鍵媒介角色。尤其面對宣傳力度很大的海西區兩大抓手——平潭綜合實驗區、廈門綜合配套改革實驗區，目的都是為了與台灣經濟對接，但從經濟戰略角度，金門可以成為台灣的經濟緩衝區，位置處於海西區金門若沒有參與海西建設，金門沒有得到發展機會，沒有金門的經驗垂範，海西區的成效與吸引力就難以說服台灣。相對地，台灣中央政府規劃由金馬與福建先行

先試，讓雙方地方合作、同步規劃，透過政策加值創新，促進產業升級，既可以照顧並繁榮金馬離島，又可以金馬作為海西對台灣經濟對接的實驗區與緩衝區，保護台灣整體經濟利益。

透過目前中國海西區次區域經濟發展與台灣經濟對接的戰略目標，配合台灣實施「自由經濟示範區」開放政策，金門離島基於主體性發展，提出「金廈跨域經濟合作區」方案，建議可在「兩岸對等」的前提下，參考各國與中國邊境地區的次區域經濟合作模式或跨境經濟合作區經驗，透過官方與非官方（企業、NGO 等）機構與中國政府保持良好的溝通管道，就金廈跨域經濟合作項目，包括小三通人流、物流便捷化措施、境內關外自由經貿、雙元貨幣併存、交通工具互駛、對口援助、資源共享等等，在中央政府主導的前提下，授權讓雙方地方政府直接合作、同步規劃，改善金馬離島產業環境。

如何擴大小三通功能朝向「加值化」，如何鑲嵌在中國海西區發展而共容共榮，涉及兩岸協商問題尤多，中央政府最終責無旁貸，尤其應去除本位主義，強化在地關懷，協助地方政府進行招商引資工作，對島嶼經濟給予更多更合理的優惠措施，特別針對離島基礎建設難題，包括優先克服地下水資源稀缺、霧鎖機場、中國海飄垃圾與海洋污染、地雷與彈藥庫的全面清除等應趁早予以規劃，小三通才有可能打造金馬成為「黃金之門」。逐步邁向功能加值化的小三通，將與離島繁榮發展聯繫在一起，這才是金馬發展的契機！

CHAPTER 7

中國大陸次區域
經濟合作發展戰略與政策觀察

【Author】曹小衡

現任　　（中國）南開大學經濟學院教授、博士生導師；（中國）南開大學臺灣經濟研究所所長。

學經歷　（中國）南開大學經濟學博士。現兼職：（中國）海峽兩岸關係協會（海協會）理事；中國國務院臺灣事務辦公室海峽兩岸關係研究中心特邀研究員；（中國）商務部海峽兩岸貿易協會理事；（中國）全國臺灣研究會理事；天津市臺灣研究會副會長。主要研究領域為台灣經濟、兩岸經貿關係、兩岸經濟比較研究。

壹、理論界對次區域經濟合作的研究

　　首先出現的次區域經濟合作是在 1989 年 12 月，由新加坡總理吳作棟倡議，在新加坡、馬來西亞的柔佛州、印尼的廖內群島之間的三角地帶建立經濟開發區，並稱之為「增長三角（成長三角）」（growth triangle）。迄今為止，自 20 世紀 80 年代末、90 年代初冷戰結束後次區域經濟合作現象出現以來，學界對此討論概述如下：

一、成長三角

　　亞洲開發銀行把次區域經濟合作定名為「成長三角」。定義為「包括三個或三個以上國家的、精心確定的、地理毗鄰的跨國經濟區，通過利用成員國之間生產要素稟賦的不同來促進外向型的貿易和投資」。

二、自然的經濟區域

　　美國國際問題專家羅伯特・斯卡拉皮諾（Robert A. Scalapino），1992 年在美國《外交事務》雜誌上撰文，列舉了珠江三角洲——香港之間的經濟合作以及新—柔—廖成長三角事例，提出了「自然經濟領土」（natural economic territories）的概念，英文簡寫為 NETs。

三、擴大的都市地區

　　T.G.麥克吉（T. G. MaGee）擅長從社會學的角度理解經濟問題，1992 年，他與斯科特・麥克勞德（Scott Macleod）通過對新—柔—廖成長三角案例的研究，撰文提出了「Extended Metropolitan Regions」的概念，認為新加坡的周邊地區、馬來西亞的柔佛州和印尼的廖內群島，可以通過與新加坡的經濟合作成為都市新加坡的擴大部分可以看出，次區域合作發展戰略一開始就是一個集合的、交集的、包容的思維概念，而非單一經濟、社會或者政治的概念。

　　在 1993 年，亞洲開發銀行的出版物指出：次區域經濟合作是「包括三個或三個以上國家的、精心界定的、地理毗鄰的跨國經濟區，通過利用成員國之間生產要素稟賦的不同來促進外向型的貿易和投資」。

　　大陸學者也非常關注這個問題，其中三點值得關注：

（一）概念。認為次區域經濟合作是一個相對的概念而不是絕對的概念，即次區域是相對於區域而言的。如果把東亞看作是一個區域，那麼東北亞或是東南亞則為次區域；如果把東北亞看作是一個區域則圖們江地區便是一個次區域；當然圖們江地區相對於東亞也是一個範圍更小的次區域，因此可見，從地理範疇講，次區域是相對於區域而言的。從這個視角看，如果一國內部毗鄰的地區間進行的區域合作也可以稱作次區域合作。

（二）內容。相對區域經濟合作，次區域經濟合作更具彈性，更為具體。

（三）機制。次區域經濟發展的過程中，市場機制與計畫機制誰
　　先起到主導作用的問題。如果是市場主導的，應該如何規
　　範，用誰的法律法規？如果是政府主導，是由中央或是地
　　方？等等。

　　大陸學者的基本看法：（一）次區域經濟合作通常只涉及成
員國領土的一部分，相對區域經濟可以分散風險；（二）次區域
相對於區域具有較大的靈活性，一個國家或地區可以同時進行幾
個次區域經濟合作；（三）次區域地區的產品市場和投資資本主
要依賴於本次區域以外的地區，不歧視非成員國；（四）次區域
不同於出口加工區，合作範圍更為廣泛，通常包括貿易、投資、
旅遊、基礎設施、人力資源、環境保護等；（五）生產要素跨國
界流動，主要依靠參與方之間的「協調」；（六）地方政府是次區
域合作的主體和推動者。

貳、中國大陸次區域經濟合作戰略目標

　　中國大陸次區域經濟合作戰略目標是服膺於國家整體的大
戰略，是整體大戰略下的具體部署。背景：
一、國內再平衡的挑戰：（一）是能源資源缺短的挑戰；（二）是
　　生態環境惡化的挑戰；（三）是經濟社會發展一系列不平衡
　　問題的挑戰；（四）是巨大規模自然災害、可能出現的戰爭
　　的挑戰；（五）是貪腐問題挑戰。

二、國際再平衡挑戰：（一）政治挑戰。一個太平洋能否容下中美兩個大國的問題。「911」後，大部分美國及其盟友開始意識到國際恐怖主義才是對其安全的首要威脅，才是它們的最主要、最直接的敵人。同時，也有部分人開始把中國大陸視為假想敵。（二）經濟挑戰：美國次貸危機所引發的全球金融危機、財政危機愈演愈烈，世界經濟舉步維艱，大陸外部經濟環境處於惡化狀態。（三）外交挑戰：阿拉伯之春引發的阿拉伯世界的政治動盪，朝鮮政權更替之後引發的一系列危機事件，中國南海區域頻繁爆發的與周邊國家的衝突對抗，種種跡象表明，如今的國際政治環境比過去想像的要複雜得多。（四）軍事挑戰。

不可否認，中國大陸在過去三十多年領導中國大陸所取得了舉世矚目的歷史功績。但同時也在解決官員貪腐、貧富差距、建立法治社會、建立現代民主、保障社會公平等問題上不盡人意。如不能應對這一系列重大挑戰，如果沒有一個適應當今世界潮流的大戰略，不排除中國大陸現代化的步伐再次被打斷。

因此對內對外達成一個再平衡的大戰略尤其重要。大戰略概括起來為，推動「三要三不要」。

三要：

1. 對外：要和平崛起；

2. 對內：要社會和諧；

3. 兩岸：要和平發展。

三不要：

1. 不要走西方大國近代以來依靠殖民主義掠奪世界資源完成工業化進程的老路；

2. 不要走當年的德國、日本等軍國主義依靠發動戰爭來重新瓜分世界的老路；

3. 不要走霸權主義搞超級大國爭霸和爭奪勢力範圍的老路。核心就是如何在大陸崛起時達成多贏，使各方有可能參與大陸經濟發展、分享中國大陸發展紅利。

今天中國大陸的成就得益既有的國際規範，因此，儘管中美兩國在各領域有不可避免的利益衝突，但作為全球穩定和經濟發展的利益攸關者，相互依賴甚深的陸美必須同舟共濟，不應因為他人的利益，左右兩國在全球戰略的「大棋局」。

但是目前亞太地區安全體系的基石，仍然是以美國為首的一系列安全同盟，這些冷戰期間成立的同盟本質上是排他和遏止，因此儘管中國已經融入世界經濟體系，但依然被擋在安全體系之外。未來如何重構亞太安全體系才是從根本上保障亞太和平與安全的重要議題。中國大陸崛起之勢已成，中美只能設法共存才為上策。其中次區域經濟合作是中國大陸崛起大戰略中的重要一環。中國大陸推動次區域經濟合作目標：

（一）改善與周邊國家（地區）的關係

在對外政策方面，中國大陸採取了和平崛起和「睦鄰」、「安鄰」、「富鄰」（「與鄰為善、以鄰為伴」；分享中國大陸改革開放成果）的外交政策，尋求與周邊國家的友好相處和共同發展。應該看到，在中國大陸進行經濟建設的同時，中國大陸的周邊環境並不穩定。但無論如何，周邊國家追求是安全與經濟發展，這是中國大陸周邊國家和地區合作的基礎。

（二）促進邊疆民族地區的安全繁榮

　　吉林、新疆、雲南、廣西、廣東是大陸參與周邊國家和地區次區域合作的主要省份。這五個省份是大陸的經濟邊緣地區、少數民族聚居區和邊疆地區，具有多元文化、多種民族並存的特點。在西部大開發的背景下，加強地方政府與周邊國家的經濟合作，形成以吉林、新疆、雲南、廣西為核心的對外開放視窗，帶動其他中西部省份的對外開放。不僅能夠促進大陸少數民族地區的經濟發展，對其他中西部省份經濟發展也能夠發揮輻射和帶動作用，而且有利於維護邊區的穩定，確保邊疆安全。

（三）推動大陸經濟進一步國際化

　　中國大陸沿邊省區一直是交通不便的發展死角，沿邊省區與沿海省區相比，外貿額占 GDP 的比例非常小，甚至大大低於全國平均水準，與其沿邊的區位優勢很不相稱。與周邊國家積極開展次區域經濟合作使沿邊地區成為改革開放的前沿，有助於推動中國大陸的進一步對外開放和縮小中國大陸區域經濟發展不平衡的現實的試驗場，使沿邊地區成為開放前沿。

參、中國大陸次區域合作實踐

　　中國大陸目前參與的次區域經濟合作主要包括：

一、以香港、澳門和廣東為核心的「粵－港－澳次區域經濟合作」。

二、以「圖們江跨國自由貿易區」為核心的中國大陸、俄羅斯、朝鮮次區域經濟合作，以吉林省為參與主體。

三、中國大陸和朝鮮間的次區域經濟合作，以遼寧省為參與主體。

四、以第二條亞歐大陸橋為開發軸線的新疆跨邊界次區域經濟合作，從國家主體看包括中國大陸、哈薩克斯坦、吉爾吉斯斯坦、烏茲別克斯坦和土庫曼斯坦等，以新疆為參與主體。

五、以瀾滄江－湄公河流域開發為核心的大湄公河次區域經濟合作，從國家主體看包括中國大陸、緬甸、寮國、柬埔寨、泰國和越南，以雲南省廣西區為參與主體。

六、包括遼東半島、山東半島、河北沿海地區、北京、天津以及韓國、朝鮮、日本的西海岸地區的環黃渤海地區的次區域經濟合作。

在中國大陸參與的眾多次區域經濟合作中最成功、規模最大，也是最具典型意義的是大湄公河次區域經濟合作機制（The Greater Mekong Sub-region Economic Cooperation 簡稱 GMS）。

以 GMS（跨國次區域合作）為例，瀾滄江－湄公河流域是指瀾滄江－湄公河水系幹流和支流所流過的整個地區。瀾滄江發源於大陸青海省唐古喇山脈東北坡，流經西藏進入雲南，縱貫雲南西部迪慶、怒江、麗江、大理、保山、臨滄、思茅及西雙版納8個地州，於西雙版納勐臘縣 244 號界樁處出境後稱湄公河，流經緬甸、寮國、泰國、柬埔寨、越南，在西貢南部注入南中國大陸海。幹流全長 4880.3 公里，流域面積 81.1 萬平方公里，是亞洲唯一的一河跨六國的國際河流，有「東方多瑙河」之稱。國境處多年平均年水量約 640 億立方米，為黃河的 1.1 倍。瀾滄江在大陸境內水能資源可開發量約為 3000 萬 kw。

瀾滄江－湄公河或（大湄公河）次區域是由亞洲開發銀行（以下簡稱亞行）所界定的特定區域。亞行的發展中成員國位於亞洲和太平洋地區，亞行把這一地區稱作區域，而瀾滄江－湄公河次區域則指緬甸、寮國、泰國、柬埔寨、越南和雲南省的這部分地區（以下簡稱次區域）。

一、GMS 合作的三個階段

　　第一階段：從 20 世紀 50 年代到 90 年代初。這一階段是大湄公河次區域合作的起步發展階段。合作的地區範圍是從湄公河下游開始的。1955 年聯合國亞洲及遠東經濟委員會發表了一項報告，提出合作開發與利用湄公河下游的能資源，該計畫被稱為「湄公河計畫」。1957 年 9 月，成立了湄公河委員會，並在聯合國亞太經社理事會的主導下運作，該委員會還得到了 30 個合作國、17 個國際組織和 6 個國際金融組織機構的協助。四十年來，湄公河委員會對湄公河下游地區的開發利用進行了大量勘測、測繪、分析、研究、論證，並將一些專案付諸實施。由於該地區長期處於戰亂狀態，「湄公計畫」進展緩慢，湄公河的國際合作開發陷於停滯。不過，1957－1988 年湄公河委員會共籌集到 4.2 億美元的捐款，捐款主要來自聯合國開發署、荷蘭、美國、澳大利亞和日本。

　　第二階段：從 1992 年到 2002 年，是次區域經濟合作的繁榮發展階段。進入 20 世紀 90 年代，隨著全球冷戰的結束和地區局勢的緩和，湄公河地區的區域經濟合作重新活躍起來。湄公河沿岸各國希望通過發展國際化的次區域經濟合作來推動本國經濟

發展，許多國家和國際組織也紛紛參與該區域經濟合作專案。由此形成了次區域經濟合作的多種合作機制並存的局面。這一階段的合作地域範圍已經擴展到了次區域的六國，合作的領域也由原來的水資源利用協調合作擴展到經濟合作等多個領域。

第三階段：2002 年至今。2002 年 11 月，在柬埔寨首都金邊舉行了首次 GMS 領導人會議，這是湄公河開發史上最高級別的會議，會議批准了大湄公河次區域未來十年發展戰略框架報告，標誌大湄公河次區域經濟合作發展進入實質性合作的新階段。六國領導人承諾把大湄公河次區域經濟合作專案和各國發展規劃結合起來，同時將大湄公河次區域經濟合作納入到中國大陸—東盟自由貿易區的建設中，成為中國大陸與東盟五個重點建設合作領域之一。

2011 年底在緬甸首都內比都舉行的大湄公河次區域（GMS）經濟合作第四次領導人會議上，通過了《GMS 經濟合作新十年（2012-2022）戰略框架》。該框架明確了未來十年 GMS 合作的三大戰略目標，即：（一）推動次區域一體化進程，促進繁榮、公平的發展；（二）以完善基礎設施互聯互通為基礎，為跨境貿易、投資、旅遊等合作創造有利的政策環境；（三）關注自然環境和社會因素，促進次區域可持續發展。

圍繞這三個目標，未來十年，GMS 合作的八大優先合作領域確定為：（一）推動 GMS 經濟走廊發展；（二）繼續加強公路、鐵路等交通基礎設施互聯互通；（三）加強能源合作；（四）完善成員國電信網路聯通；（五）推動本地區成為單一旅遊目的地；（六）促進農業領域可持續發展；（七）加強環境領域合作以及繼續推進人力資源開發合作。

從以上三個發展階段我們可以看到，戰爭的結束和地區局勢的緩和是開展區域經濟合作的重要條件。大湄公河次區域經濟合作的發展經歷了兩個擴展：一是合作領域的擴展，由水資源的協調擴展到經濟領域等的全方位合作；二是合作地域的擴展，從湄公河下游擴展到湄公河上游，從中南半島到中國大陸西南地區，經濟合作容量不斷增大。

二、GMS 的合作機制

（一）大湄公河次區域經濟合作。大湄公河次區域經濟合作專案是由亞洲開發銀行於 1992 年根據該銀行成立時制定的宗旨和章程中關於促進該銀行發展中國家成員間合作的授權，並為貫徹該銀行於 1991 年通過的中期發展框架性計畫，經與湄公河沿岸中、柬、寮、泰、緬、越等六國進行一系列磋商後發起的，旨在改善本區域基礎設施，擴大貿易與投資合作。其主要機構是 GMS 部長級會議，目前已先後開過十四屆部長級會議。合作範圍涉及交通、通訊、能源、旅遊、環境、人力資源開發、貿易和投資、禁毒等八個方面，在亞行的推動下，由亞行和其他國際金融投資組織先後在區內外多個城市舉行過本區域合作優選專案投資機會研討會。在這一機制中，亞行發揮了重要的牽頭作用。

（二）東協─湄公河流域開發合作。由東協主導，原東協七國和中、緬、寮、柬共 11 個國家為開發合作的核心國，日本、韓國、澳大利亞等國和一些國際性或地區性金融組織和機

構參與。合作領域包括基礎設施、交通、通訊、灌溉、能源、投資與貿易、農業、林業、礦產資源產業、工業及中小企業發展、人力資源開發、科技等方面。這一合作機制的形成與運作，表明大湄公河開發合作已作為東協經濟政治整合中的一個組成部分，其合作範圍已超出大湄公河流域。

（三）新湄公河委員會主導的湄公河流域可持續發展合作。1995年，在湄公河工作小組的基礎上，泰國、老撾、越南和柬埔寨四國在泰國清萊簽署了《湄公河流域可持續發展合作協定》，並正式成立了新湄公河委員會。新湄公河委員會完全是泰國、寮國、越南和柬埔寨四國主導的地區性組織，其宗旨是對湄公河的水資源和相關資源以及全流域的開發制定計劃並管理實施。新湄公河委員會成立後，每年都制定項目計畫，並積極尋找國際援助。新湄公河委員會成立以來獲得了一些國際組織和有關國家的援助。

（四）中、寮、緬、泰毗鄰地區「成長四角」。這是四國有限地區的小區域合作。最初由泰國於 1993 年提出，又稱「黃金四角計畫」、「五清溝通計畫」（清邁、清萊、景棟、景通、景洪。在泰語中，景與清同），其宗旨是建設西南通向中南半島的陸上通道和「經濟走廊」，實現兩大市場的對接，並促進小區域內的發展。

三、GMS 經濟合作的特點

　　大湄公河次區域合作的重要特點，在於它是具有包含廣泛合作內容的多領域性和眾多參與方的開放性的區域合作。以達到「多贏」的目的。

　　儘管現在大湄公河次區域合作就其經濟規模而言並不大，但合作範圍廣泛，參與方多，除了湄公河沿岸中南半島各國和中國大陸、東協、日本、澳大利亞、紐西蘭、北歐國家、德國、英國和法國等發達國家，亞行、世界銀行、聯合國開發計畫署、環境署、禁毒署、亞太經社聯事會等國際組織都在不同程度上參與了該區域的各項合作。這種情況，在當代世界次區域的合作中還是不多見的。但同時也反映各方的不同利益和側重，存在著缺乏總體的規劃和協調的問題。

四、GMS 作取得的成就

（一）達成了重要的制度性合作框架，並在大湄公河次區域國家之間建立了相互信任機制。主要包括次區域六國簽定了《大湄公河次區域經濟合作》、《大湄公河次區域經濟合作——由倡議走 41 向實施》、《不斷發展大湄公河次區域經濟合作的勢頭》、《展望未來，繼續推進大湄公河次區域經濟合作》、《次區域發展未來十年戰略框架》等一系列合作協定。也包括中國大陸與次區域相關國家簽定的《中寮貿易協定》、《中越經濟合作協定》、《中柬經濟技術合作協

定》、《中泰貿易經濟和技術合作諒解備忘錄》、《中緬關於未來雙邊關係合作框架檔的聯合聲明》等共計 70 個雙邊合作協定。這些協定起到了有效引導和有力推動次區域合作的作用。

（二）強化了重要的基礎設施建設。自 1992 年啟動以來，大湄公河次區域經濟合作確定了交通、能源、通訊、環境、人力資源開發、投資和貿易、旅遊、禁毒等八個合作領域，批准了十一個旗艦專案，先後實施了約一百個投資和技術援助專案。十餘年來在亞行的支援和大湄公河次區域合作各國的共同努力下，大湄公河次區域經濟合作在許多領域取得了實質性成果。特別是基礎設施建設方面，已經給次區域的經濟和社會發展帶來了巨大的收益。

（三）加強了次區域國家之間及其與外部的經貿聯繫。次區域十多年來的合作開發，已經被世界目光所關注。至今不僅在次區域國家之間加強了經濟合作與聯繫，同時次區域國家與聯合國、世界銀行、亞洲開發銀行、歐盟、東盟其他國家，以及美國、日本、印度等國際組織或國家建立了較密切的經濟貿易合作關係。

（四）促進了貿易和投資壁壘的逐漸消除。經過多年的努力，大湄公河次區域合作的專案已經從最初的促進區域之間的貿易與投資的硬體基礎設施建設（如優先發展次區域運輸專案、能源通訊專案）演進到次區域之間政策和程式的統一和協調，以減少有形和無形的貿易壁壘。因此，在第一個十年計畫完成以後，大湄公河次區域合作計畫中開始強調降低區域內國家之間的無形壁壘，如柬埔寨、寮國、泰

國、越南簽署意在促進人員和商品跨國流動便利化的協議就是一個例子。

（五）促進了金融合作。

五、GMS 存在的問題

次區域範圍整體經濟基礎較差、內部發展差距大。除泰國外，參與次區域合作的主體或者地區整體經濟基礎較差。內部發展差距很大，其內部不同國家與地區之間極明顯地分為三個層次：泰國，已進入新興工業化國家之列，經濟總體實力較強，工業化水準相對較高；越南和雲南廣西，近年來經濟發展較快，具有較完整的工業體系，經濟發展勢頭良好；三個被列為世界最貧窮國家的緬甸、寮國、柬埔寨。

基礎設施落後，合作開發融資困難。由於歷史與地理等方面的原因，再加上經濟落後長期缺乏基礎設施建設的投入，因此次區域基礎設施較為落後，從能源、交通、通訊、城市建設等各個方面都不能有力地支撐次區域的合作與當地經濟的發展。

GMS 利益協調問題。主要問題包括水資源的分配和利用問題：上游國家工程影響下游國家用水和生態環境問題；非法移民、走私問題；毒品問題；擬建「泛亞鐵路」的線路走向問題；區域合作與消除貧困問題；合作專案在資金吸納與利益分配的矛盾問題等。有關開發行動與利益協調問題，不能很好地解決，就會直接影響到次區域合作開發的效果。

身份問題。雲南廣西省在次區域合作中與其他國家的地位不對稱。中國大陸方面主要是雲南廣西兩省在直接參與次區域經濟

合作，從而形成雲南、廣西以省級身份來參加合作，其他國家則是以國家身份與國家層面來參與合作，這種局面極不對稱。這種不對稱極大地弱化了中國大陸在合作中的影響力和實際利益。比如在亞行的「三縱兩橫」經濟走廊計畫中，大湄公河次區域合作第九次部長級會議將「兩橫」即東西走廊列為優選項目，而與雲南直接相關的其他三條縱向走廊卻都「榜上無名」。

六、GMS 項目具體實施時的制度與政策障礙

以次區域的能源合作為例，世界銀行指出存在兩大制度障礙：
（一）缺少領導機制。迄今為止仍然沒有形成或構建有助於次區域電力貿易和組織能源發展的領導機制。
（二）是缺少獨立的調節機制。即還沒有一個獨立於國家的或私人利益之外的調節機制或超國家利益與權力的協調機制。政策障礙主要包括還沒有關於鼓勵聯合計畫、建造和運作電力市場與合作的相關政策，還缺少有利於促進能源合作特別是地區電力貿易合作等方面的立法與政策等。這就使得具體的合作專案的實施受到很大的影響。

七、制度／法律層面的保障

國際層面。次區域的經濟合作從本質上看是各國之間的國際合作，因此在國際法層面，次區域內的投資活動應遵守共同參加的、有關投資的國際公約的規定，並受其保護。對投資有重要影

響的國際公約主要有 WTO 中的《與貿易有關的投資措施協定》、《多邊投資擔保機構公約》、《解決國家和他國國民之間投資爭議公約》等。

區域層面。如 2002 年中國大陸與東盟簽訂《中國—東盟全面經濟合作框架協議》、《中國—東盟投資協議》、《中國—東盟爭端解決機制協議》等。

雙邊層面。如，中國大陸與泛北部灣東盟國家之間的雙邊投資保護協定。1985 年 3 月 12 日，中國大陸與泰國在曼谷簽訂了《中華人民共和國政府和泰王國政府關於促進和保護投資的協定》，拉開了中國大陸與東盟各國簽訂投資保護協定的序幕。2001 年 11 月 12 日，中國大陸與緬甸在仰光簽訂了《中華人民共和國政府和緬甸聯邦政府關於鼓勵促進和保護投資協定》，至此，中國大陸與東盟所有國家都簽訂了雙邊投資保護協定。中國大陸與東盟各國的雙邊投資保護協定為中國大陸與東盟國家之間建立友好的投資合作關係奠定了法律基礎，也是泛北部灣次區域國際投資規則的重要組成部分。中國大陸和柬埔寨、中國大陸越南的協定。又如，中國大陸與泛北部灣東盟國家之間的雙邊避免雙重徵稅協定

國內層面。如中國大陸《中外合資經營企業法》、《中外合作經營企業法》、《外資企業法》三部外商投資企業基本法律及其實施條例或細則，以及一系列配套的涉及外商投資企業的審批、登記、土地、稅收、財會、勞務、金融和進出口等方面的單行法規。

地區層面。如近年廣西不僅制訂了北部灣經濟區發展規劃，而且為全面實施該規劃，更多更好地吸引外部資源，廣西區人民政府還頒佈實施了《關於促進廣西北部灣經濟區開放開發的若干政策規定》，詳細規定了產業支援、財稅支援、土地使用支援、

金融支持、外經貿發展、人力資源和科技開發、優化投資環境等政策措施，並提請自治區人大常委會《廣西北部灣經濟區條例（草案）》，明確了北部灣經濟區的範圍、性質、發展目標、發展原則、發展重點，解決北部灣經濟區發展的突出問題，創新北部灣經濟區體制機制，對保障和促進北部灣經濟區開放開發奠定了基礎。

粵港澳次區域合作。中國大陸國務院副總理汪洋提出：「要確立世界眼光，打造比肩紐約、東京大都會圈的世界級大經濟區。」，香港政府施政報告中也提出的「建設紐約式的國際大都市」。打造「粵港澳特別合作區」不是一個地方行為，有可能上升為一個次區域合作的國家戰略。

法律基礎方面，香港和澳門回歸祖國後，粵港澳之間的經濟聯繫得到了進一步的發展。2003 年 6 月兩地簽署的《內地與香港關於建立更緊密經貿關係的安排》以來到 2012 年兩地簽署了《〈內地與香港關於建立更緊密經貿關係的安排〉補充協議九》（以下簡稱《〈安排〉補充協定九》，該協定將於 2013 年 1 月 1 日起正式實施。

《〈安排〉補充協議九》在《安排》及其八個補充協議的基礎上，對香港進一步擴大開放，包括服務貿易開放、金融合作、貿易投資便利化和專業資格互認等內容。特別是服務貿易方面，內地對香港在 22 個領域，採取 37 項具體措施，在法律、會計、建築、醫療、電腦及相關服務、技術核對總和分析、人員提供與安排、印刷、會展、其他商業服務、電信、視聽、分銷、環境、銀行、證券、社會服務、旅遊、文娛、鐵路運輸、個體工商戶等 21 個領域在原有開放承諾基礎上，進一步放寬市場准入條件、取消股權限制、放寬經營範圍和經營地域的限制等。同時，新增加

教育領域的開放承諾。截至目前，按照世界貿易組織服務貿易分類標準，內地對香港服務貿易開放的部門已達到 149 個，占其 160 個類別的 93.1%

　　重大建設專案的逐步落實。除了 CEPA 外，廣東與港澳地區進行了廣泛而富有成效的經濟一體化合作，共同發起並構建起了包括珠江流域諸省在內的「泛珠三角」經濟體，並先後聯合組團赴日韓、歐洲和北美洲進行跨國推介招商。同時在大型跨境基建、經貿合作等方面進行縱深合作，使珠三角核心區的一體化合作正以前所未有的力度加速推進。目前，廣深港高速鐵路香港段、接駁深港兩地機場鐵路、港珠澳大橋以及深港邊界區開發等多項重大跨境項目進展順利。隨著深圳灣大橋、港珠澳大橋、京珠高速、廣珠鐵路、珠三角軌道交通和連接粵西高速公路網路的興建和陸續竣工，珠江西岸將成為未來 20 年廣東新一輪經濟發展增長極。而這些都為粵港澳三地融合和新型合作方式——「粵港澳特別合作區」的啟動奠定了堅實基礎。

　　粵港澳合作重大項目如下：

（一）港珠澳大橋：建設海中橋隧工程、三地口岸和連接線，實現香港、珠海、澳門三地高速公路連通。

（二）廣深港客運專線：建設客運專線，並與武廣客運專線、杭福深客運專線接駁。

（三）港深西部快速軌道線：規劃建設途徑深圳前海地區、連接香港國際機場和深圳寶安國際機場的香港第三條過境直通線。

（四）蓮塘／香園圍口岸：縮短香港至深圳東部之間車程，增強處理車流量和旅客流量能力，提高粵港東部地區出入境通行效率。

（五）深圳前海開發：加快城市軌道交通、鐵路網、城市道路、水上交通和口岸建設，到 2020 年建成亞太地區重要的生產型服務業中心，把前海打造成粵港現代服務業創新合作示範區。

（六）廣州南沙新區開發：打造服務內地、連接香港的商業服務中心、科技創新中心和教育培訓基地，建設臨港產業配套服務合作區。

（七）珠海橫琴新區。

（八）開發：規劃面積 106.46 平方公里，逐步建設成為探索粵港澳合作新模式的示範區、深化改革開放和科技創新的先行區、促進珠江口西岸地區產業升級的新平台。

肆、結語

總結全文筆者有以下幾點思考：

一、次區域經濟合作與區域經濟合作兩者不是對立的，常常交織在一起。

二、次區域經濟合作可以視為區域經濟一體化的補充或實驗。

三、次區域經濟合作可分為跨國合作和跨境合作，屬於國際經濟合作。

四、現今次區域經濟合作發展勢頭較好，但仍面臨諸多理論或實踐上的困難。

五、次區域經濟合作的推進機制是次區域經濟合作的難點。成熟的次區域經濟合作機制應該包括區域各參與主體內部推進機制、次區域內參與主體間協調機制和次區域外國際協進機制等三種機制。

六、兩岸地方政府的合作可否參照次有所突破？如金廈次區域的合作？

CHAPTER 8

中國區域經濟發展政策：
政治意涵、偏好與整合挑戰

【Author】陳德昇
現任　　國際關係研究中心研究員。
學經歷　國立政治大學東亞研究所博士。曾任國立政治大學國際
　　　　關係研究中心合作交流組組長、國立政治大學國際關係
　　　　研究中心第四研究所所長。主要研究領域為政治經濟
　　　　學、地方政府與治理、兩岸經貿關係等。

壹、背景簡介

近年來，中國區域經濟發展與效應已日益受到重視與關注。一方面，中國珠江三角洲、長江三角洲、西部大開發已逐漸成形，近年推動之振興東北、中部崛起、環渤海地區與海西經濟區，亦已成為中國區域經濟發展的熱點地區，其發展政經背景、政治意涵、區域內外整合趨勢和挑戰值得探討；另一方面，中國沿海地區的珠三角、長三角與環渤海地區，已成為中國經濟發展最快速的地區，其所衍生的發展失衡現象與明顯差距，已引發經濟、社會和政治效應與衝擊，成為近年中共區域發展與社會穩定之關注焦點。

根據「梯度推移論」的政策觀點：從經濟技術水準的分佈，客觀存在東、中、西部三級梯度差；國家在區域經濟結構調整中，因勢利導，充分利用梯度差的經濟勢能，按照東－中－西的順序安排投資和建設項目的區域分配；近期重點置於經濟技術水準高的東部地帶，中期將重點轉移到中部地帶，遠期則把重點放在西部地帶。基本而言，梯度推移就是不平衡發展策略。回顧中國建政 60 年以來，由於區位條件、要素稟賦（endowment）、經濟基礎、歷史文化等方面的差異，中國區域經濟總體呈現明顯的「非均衡發展」格局。

事實上，在不同時期，中國也因經濟發展策略重心和區域政策的差異，區域經濟發展呈現不同取向。1978 年以前，中國實施計劃控制下的地區均衡發展策略，強調生產佈局的大規模西移與地區平衡發展；但自 1978 年以後，計畫經濟逐步向市場經濟傾斜，在經濟發展現實、財政資源有限與領導人主觀作為考量下，

中國對區域經濟發展首先採取「一部分地區先富起來」的非均衡策略，從珠三角、長三角先行開發，以地方發展先行試點；直至1992年鄧小平「南巡」講話，確定建立社會主義市場經濟的體制改革目標模式後，中國中央政府開始重視區域協調發展，由沿海再逐步擴大往西部、東北等其他地區。

中國區域發展歷程如下（表一）所示：

表一　改革開放後中國區域經濟發展歷史階段與政策取向

階段	主要政策與目標
沿海發展策略階段（1979－1991年）	● 沿海發展策略是指：充分利用沿海地區的優勢，面向國際市場，參與國際交換和國際競爭，大力發展開放型經濟。 ● 「六五」期間（1981－1985年），中國的區域策略明顯向東部沿海地區傾斜； ● 「七五」（1986－1990年）計畫根據經濟技術水準和地理位置，將全國劃分為東部、中部、西部三大經濟地帶。 ● 1987年12月，中共中央提出沿海地區經濟發展策略。
協調發展策略階段（1992年至今）	● 1992年，確定建立社會主義市場經濟的體制改革目標模式，中央政府開始重視區域協調發展。 ● 1995年9月通過的「『九五』計畫和2010年遠景目標的建議」，明確提出「堅持區域經濟協調發展，逐步縮小地區發展差距」。 ● 1999年9月開始正式提出的西部大開發策略的基本目標是：國家要實施西部大開發策略，中西部地區要從自身的條件出發，發展有比較優勢的產業和技術先進的企業，促進產業結構優化升級，實現區域經濟的協調發展。 ● 「十五」（2001－2005）計畫強調：進一步強調促進地區經濟協調發展。 ● 「十一五」（2006－2010）規畫強調：（一）形成合理的區域發展格局；（二）健全區域協調互動機制；（三）促進城鎮化健康發展。 ● 「十二五」（2011－2015）規畫強調：（一）實施區域發展主體功能區戰略、構築區域經濟優勢互補、主體功能定位清晰；（二）人與自然和諧相處的區域發展格局，逐步實現

不同區域基本公共服務均等化；（三）積極支持東部地區率先發展；（四）加大對革命老區、民族地區、邊疆地區和貧困地區扶持力度。

資料來源：本研究自行整理。

一、1979 年 7 月，中共依地理條件與政治統戰考量，首先在「珠三角地區」開放鄰近台灣與港澳地區的廈門、深圳、珠海，以及與東南亞市場關係緊密的汕頭四個經濟特區，吸引外資、技術與全球華人的資源。其後，在 1984 年 4 月後相繼開放 14 個沿海城市，並於 1988 年擴及遼東與山東沿海開放地帶。

二、在不平衡區域經濟發展策略下，長三角地區發展明顯滯後，尤其是作為十里洋場之上海，在計畫體制制約下發展格局受限，因而中共當局於 1990 年決定開發與開放上海浦東新區，長三角區域經濟發展亦得以啟動。

三、90 年代長三角地區持續與快速發展，卻導致中國東、中、西三大區域經濟發展差距擴大與惡化。明顯的區域差距、城鄉差距與貧富差距擴大衍生經濟、社會與民族問題日益惡化，終促成中共當局 1999 年 11 月啟動西部大開發政策。

四、2000 年 10 月中國國務院頒布文件明確支援西部大開發，並提供相關支持措施與政策。其後，由於東北地區在改革開放進程中經濟發展明顯停滯後，並深受計畫經濟體制與觀念之制約，尤其是產業發展與就業情勢嚴峻，因而振興東北便成為區域經濟發展必要之考量。

五、隨後，在區域發展差距擴大過程中，區域差距、財政收入、發展程度、人均 GDP 比較與開放程度，皆呈現「中部塌陷」的焦慮與挑戰，「中部崛起」遂於 2004 年提上中共議事日程。

六、2006 年 3 月則於「十一五規劃」確立天津濱海新區發展。2009
　　年 5 月中共公告「國務院關於支持福建省加快建設海峽西岸
　　經濟區的若干意見」；2011 年中國國務院則正式批准「海峽
　　西岸經濟區發展規劃」；2011 年 4 月 8 日中國國家發改委發
　　布「海峽西岸經濟區發展規劃」，海西經濟區發展確立。

　　自改革開放以來，無論是區域經濟發展政策提出與運作，或
是發展效應，不僅有意識形態之影響，亦有領導人政治偏好，以
及政治現實因素之考量，皆具鮮明之政治意涵。此種不平衡區域
經濟發展策略，顯然是基於鄧小平的偏好與「市場、效率、發展」
之主導思想；對外開放為主軸的區域經濟發展策略，在鄧小平政
策思略下，固然造就中國東部沿海地區經濟榮景，但亦衍生日益
尖銳的區域差距與社會穩定的挑戰，尤其是隨著區域經濟差距擴
大、區域內部整合困難，以及社會穩定挑戰日益尖銳，區域發展
的協調、對話與平衡便有其必要。而隨著西部大開發、振興東北
與中部崛起區域發展策略陸續與密集的推動，不僅有平衡經濟發
展、縮小區域差距之經濟功能，在民族議題、社會穩定、化解社
會矛盾與政治安撫方面亦發揮相當之政治效果。換言之，區域協
調與共同發展，已成為中國領導階層必要之策略思考；而區域發
展的政治策略思考，亦是其發展訴求之重要內涵（如經濟特區與
海西區）。
　　在胡、溫上台後，中國區域經濟發展政策取向開始調整，轉
以「協調發展策略」為主軸。其中「十二五」規劃強調：（一）
實施區域發展主體功能戰略、構築區域經濟優勢互補、主體功能
定位清晰；（二）人與自然和諧相處的區域發展格局，逐步實現
不同區域基本公共服務均等化；（三）積極支持東部地區率先發

展；（四）加大對革命老區、民族地區、邊疆地區和貧困地區扶持力度。可見區域經濟發展定位與平衡發展頻率明顯增加（參見表二），此皆與其區域經濟發展平衡策略思考有關。中央政府透過優惠政策與財政挹注措施，以因應日益嚴峻地方區塊政治張力

表二　中國區域經濟發展變遷與發展策略（1980-2012）

年別	重點區域	發展目標	發展策略
1980 年代	珠江三角洲	1. 吸引外資與技術 2. 改革開放實驗區	不平衡
1990 年代	長江三角洲	1. 以上海為中心，促成長三角區域經濟發展。 2. 促進上海成為經濟、貿易、金融與航運中心。	
2000	西部大開發	1. 平衡區域經濟差距 2. 舒緩民族問題與挑戰 3. 強化區域經濟協作	前期不平衡，後期局部協調
2002	振興東北	1. 振興東北老工業基地 2. 統籌區域經濟發展 3. 促進區域經濟一體化	非均衡發展與局部協調
2004	中部崛起	1. 促進區域經濟協調發展 2. 提振中部地區經濟發展 3. 舒緩區域經濟發展差距與張力	
2006	環渤海經濟區	1. 天津濱海新區開發開放 2. 形成另一支撐全國發展的經濟發展區域。 3. 推動環渤海區域提高對外開放層次	
2011	海峽西岸經濟區	1. 海西區有利區域經濟整合與兩岸統一目標實現。 2. 跨界省分包括浙江、江西、廣東	

資料來源：本研究自行整理。

挑戰，並成為中共重要之政經議題。儘管如此，資源、交通條件與區域差異，其生產要素、城鄉所得分配與貧富差距，仍難以在短期內消弭，中國區域內的矛盾與失衡亦難以避免。

貳、現況及問題分析

中國區域經濟發展政策，是中國總體經濟發展的環節之一。因此，由意識形態與領導人主觀意識所主導的中國經濟發展，將無可避免的影響區域經濟發展之思路與格局。亦即，政治領導人的權威與偏好，將具關鍵影響力。毛主政時期的平衡發展策略；鄧主政階段突顯珠三角與長三角的沿海發展策略；江澤民與朱鎔基掌權階段對長三角之政策傾斜，皆有地緣、人為與市場因素。

胡錦濤與溫家寶執政後，協調發展成為主軸，其出身歷練中國貧困落後地區之背景、考量區域社會變遷與政治穩定，皆是其區域經濟發展之重要思考。而溫家寶出身天津，對於環渤海地區的經濟潛力與資源挹注，與其發展也有相當的關聯性。習近平曾於福建主政十七年，亦將有助塑造習李未來五年區域經濟發展之政績表現；中共「十八大」人事中，多位新的政治局常委都具備地方領導經歷，如劉奇葆、趙樂際、栗戰書等。未來地方領導進入中央的比例會越來越高，地方經歷是晉升中央委員的必要條件。

當前中國區域經濟發展相對較成型的，主要有珠江三角洲與長江三角洲地區。儘管「十一五規劃」強調：區域內城市分工協

作與優勢互補，並增強城市群的整體競爭力，但當前區域內城市間產業與外資吸引，仍呈現惡性競爭大於良性競爭，以及競爭多於合作之狀態。亦即，鄧小平拉動珠三角、長三角發展，雖造就中國東部沿海地區經濟榮景，但自胡錦濤與溫家寶上任以來，卻得面對地方區塊政治張力挑戰；其中包括地方政府黨政首長政績與偏好考量、科技與加工產業招商引資所引發惡性競爭、計畫體制與行政區劃之壁壘，以及區域重點城市「爭龍頭」現象等區域經濟發展負面效應。未來，中國基於政治現實的考量，雖預料將延續胡溫「共同協調發展」的基調，根據不同區位、產業、資源特質給予區域更多發展空間，但無可避免的，區域經濟發展將面臨區域內政府與產業間激烈競爭，並可能埋下經濟發展隱憂。

換言之，區域經濟發展的矛盾將存在不同行政區域的利益競逐，因此會衍生矛盾心結，區域經濟發展過程中龍頭角色將可能面臨挑戰。以長三角上海與蘇州、昆山為例，上海近十年來在外資吸收與區域龍頭角色基本已奠定基礎。因此，其對鄰近地區的高姿態作風，以及地方政府爭奪外資不擇手段的心結，都是引發區域經濟運作不協調的主因。例如，2003 年 6 月，上海市郊的嘉定、青浦、松江三區計劃建設降低商務成本試點園區，總面積達173 平方公里的區域是上海市繼浦東之後全力運作新的「經濟特區」（簡稱「173 工程」）。從上海的角度，如此決策並無不妥，而且是居安思危、未雨綢繆之良策。但江蘇省內很多人對上海的這一舉動頗有微詞。他們認為，上海在有意阻止國際資本流向江蘇，人為製造區域壁壘，對長三角地區的協調發展是一個莫大傷害。被稱為「小上海」的昆山更是深感壓力。此外，上海地區將虹橋機場國際貨運功能移至較偏遠之浦東機場，亦引發江蘇各地

外資企業出口輸出之障礙和阻力。其中不僅提高外商之經營成本與時間耗損，亦導致地區間政府的對立心結和矛盾。

就龍頭角色而言，90年代中期以來，長三角區域經濟發展不僅獲得外資青睞，上海亦成為此一地區之龍頭角色，且在政府職能與運作協調上居領航地位，也能在利益上讓鄰近之江蘇與浙江分享。不過，上海作為長三角的龍頭固有其區位優勢與不可替代性，但是其發展亦有隱憂。就金融中心而論，北京不可能將金融重鎮或銀行總部全搬到上海；香港作為金融中心亦有其歷史與區位優勢，上海短期內難產生替代作用；在航運中心方面，上海所設立之大小洋山港，由於趨近寧波，加之長江航運能量遠未發揮，因而其航運輻射作用面臨限制，以及經營成本偏高亦是上海近年吸引外資的障礙；部份中小型外資或不堪虧累之產業，已退出上海一線城市，使得其龍頭地位面臨挑戰。

其次，由於各地的保護主義，造成城市間出現惡性競爭，將使得區域的整合更加困難。各區的大城市爭鬥不休，例如珠三角裡的深圳、廣東，彼此競相吸引外資、推動大工程造成資源浪費、重複建設及產業同構現象。這些問題皆與政府作為有關，「強政府」雖然具有強而有力的優勢，但有些地方區域發展是靠市場導引，這也突顯出各個區域發展的差異性。雖然「強政府」有優勢，但「強政府」行事作為亦破壞區域發展的市場機能，所以區域間的相互利益整合，仍是目前最主要的挑戰與問題。事實上，地方政府基本是以經濟利益導向，且以政績表現做訴求。因此，地方領導人施政是以經濟事務為重點，吸引外資與短線績效建設便成為要務。中國近年經濟能維持高成長，地方政府全力吸引外資實扮演關鍵性角色。「不求所有，但求所在，更求所獲」即是地方政府經濟行為與思維具體的寫照。此外，區域間之競爭態勢，將

因中央政府資源分派與政策傾斜，而呈現發展績效之優劣；中國區域經濟發展仰賴資源與政策挹注或市場優勢條件，皆是現階段區域經濟發展能否持續面臨之考驗。

再者，中國區域經濟發展無論是珠三角或長三角之發展，皆因政策優惠與財政挹注而產生實質效果。80 與 90 年代之經驗即是鮮明之實例。因此，中共現階段的推動「振興東北」與「中部崛起」區域發展，將因政策奧援而能發揮效果，但其目標達成之程度則有差異。例如，「振興東北」，中國有企業的改造政策，涉及政企關係、設備折舊、技術改造、產業類別、資產負債與規模大小，而存在處理績效之差異。儘管如此，政策優惠、政權讓利與財政挹注等工具，仍是中共區域發展績效表現的利器。更重要的，胡溫透過區域發展重點與資源移撥，亦將有助其地方政治整合，並能爭取政治支持。然而，現階段中央政府提供之政策支持與優惠政策，與 80 至 90 年代珠三角與長三角效應不同，主因仍在於市場發展與區位差異。儘管長三角與珠三角所在的東部地區生產成本高漲，並為缺電與人民幣升值所苦，但是東西部之市場發育程度不同，且由於區位之明顯差距，皆導致東西部差距難以在短期間縮小。尤其是中西部地區，無論是市場觀念、體制局限、自主創新能力或是運輸交通困難，皆是主要制約因素。

此外，中國區域經濟發展經驗亦顯示，計畫經濟轉型是經濟發展先決條件，但是在市場化轉型過程中政府職能調整成敗更是關鍵要素。80 年代珠江三角洲的區位、政策與市場優勢造就階段性經濟榮景，但是市場化轉型過程中政府職能的弱化與缺位，則成為珠江三角洲經濟成長力道難以為繼的主因之一。90 年代以來，中國之經濟政策向長江三角洲地區傾斜，加之其地理區位的輻射效應明顯，尤其是市場機制運作較為完善、政府運作與法制

規範程度較高，以及在職能轉變過程中仍維持積極有效管理運作，皆是長江三角洲區域經濟發展崛起的主因。環渤海地區雖有較佳的地理區位與自然資源，但無論在市場化改革遲緩、政府職能轉變與協作不足，以及欠缺領導核心城市，因而尚難有積極性作為。

因此，區域經濟之發展，不僅涉及政府職能調整、區域內各省市政府間的競爭和矛盾調和，更攸關相互間合作的層次能否升級。因此，必須要推動區域間合作，始有助於促成區域整體競爭力的提升。未來中國區域經濟發展，如何規避區域內惡性競爭與協作層次之提高，進而形成區域經濟發展良性競爭機制，實為當前區域經濟發展之重要課題。

參、主張與建議

就區域性競爭而言，長三角、珠三角與環渤海之間確存在競爭壓力。近年長三角無論在吸引外資與改善投資環境方面成效斐然，加上內陸省份生產成本較為低，皆導致珠三角地區廠商外移壓力大增。因此，近期以來珠三角與香港組建泛珠三角之運作機制，並透過 CEPA 的優惠政策，期能整合區域經濟資源，並擴大香港、澳門之腹地，以加強珠三角地區的競爭力。儘管如此，區域發展協作成功的要件，仍在於能否形成「共同利益」，過於浮泛的區域整合對於珠三角的區域發展是否有利，仍有待商議；另中國區域經濟發展近年以環渤海地區之天津濱海新區為重點。不

過，中央對地方之宏觀調控則以長三角作為重點關注對象。事實上，中國三大區域經濟區塊之競爭，既存在良性之提升與刺激作用，亦不乏現實優勢與資源差異對比。可以預期的是，未來競爭優勢與勝負，將不是政府優惠政策之多寡，而是依市場機制、地理區位、法制規範與投資環境之改善能力而定。

在地方治理方面，隨著市場經濟發展與改革深化，區域間地方政府在市場運作之強勢或弱勢干預角色、行政變革與服務效率之提升程度，以及對市民需求回應能力，是主要關注之焦點議題。基本而言，在長三角地區地方政府角色即呈現強弱不一之政治風貌；環渤海地區受計畫體制思維與市場改革力度不足影響，亦使得地方治理成效有其局限性。

必須指出的是，現階段中國中央政府提供之政策支持與優惠政策，顯然與 80 至 90 年代珠三角與長三角效應不同，主因仍在於市場發展與區位差異。儘管中共新五年規劃仍將資源挹注環渤海地區，但若無法建構市場與競爭機制，以及進行所有制結構的大幅變革，其成效恐將有限。一方面，主要的地理區位的侷限，另一方面，則是經濟體制與行政干預影響經濟表現。此外，儘管長三角與珠三角雖不再有中央政府更積極的奧援，但因其區位與市場優勢，仍將是未來中國區域經濟發展的主導力量，並扮演領航角色。

總體而言，從政治意涵、偏好與政治挑戰的角度，當前中國區域經濟發展政策，可歸納為三個面向，作為評估大陸與兩岸區域經濟發展政策之參考：

一、人事安排考量與區域發展

　　整體中國區域發展大體依照「資源稟賦」特性，而非人事；截至目前，中國內部仍沒有任何一個派系可以壟斷政治資源，「十八大」雖然是江系人馬佔上風，但未來局勢仍將以共青團為主軸。對江派而言，可謂是短多長空。當前，領導人考量的是資源平衡分配，中國派系主導區域發展越趨困難。

　　此外，中國區域發展地方政治菁英主導性較強。研判李源潮、汪洋在五年內不犯重大錯誤，將是下任政治局常委熱門人選。從「十八大」人事安排看出，許多重點培養菁英被安排在沿海重點地區，例如廣東胡春華、重慶孫正才，顯示中央刻意培養領導人意圖，值得關注。

　　未來習近平面臨社經及區域協調挑戰更頻趨尖銳。習雖然親民，但涉及危機管理可能表現會更強硬。過去，中國區域經濟發展成功歸功於鄧小平強勢主導，但是第三、四、五代領導人缺乏權威性及政治魅力，因此必須與地方妥協，甚至在政治局位置上必須分派，才能維持穩定。因此不同時代考量具差異性，未來中國領導人恐須對地方做更多妥協，才能維持政局的掌控能力。

二、「同城化」與「騰龍換鳥」彈性運用

　　上海與江蘇，擁有中國首條跨省軌道交通線「上海軌道交通11號線北延伸線昆山段」。這對於昆山的花橋有利，未來上海要發展金融中心，金融產業後勤儲備中心無法設在地價最高的上海市中心，然而鄰近上海的花橋可發揮衛星城市的戰略地位，區域分工以帶動區域發展。當前，雖然花橋位在江蘇蘇州市內，但電話區域號碼卻是使用上海區域號碼（021），與上海同城化整合，有利經濟的發展。

　　其次，「騰籠換鳥」政策是區域經濟發展過程中的一種戰略舉措，中國地方政府希望將低階製造業遷出，騰出來的土地提供給高科技產業使用，因此掀起一波「騰籠換鳥」浪潮。例如：昆山與蘇北。昆山市面臨土地即將用罄的困境，由於土地轉換需要指標置換，因此昆山即向蘇北宿遷市購買指標，雙方對口支援，將蘇南與蘇北五個城市對口，例如蘇州對口宿遷，昆山對口宿陽。昆山借宿陽的農地作為建設用地，昆山每年介紹三個廠商過去蘇北，相互支援。為了解決土地問題，昆山將市中心的台商移出，然而台商也很樂意，因為將市中心的土地脫手具有較高之經濟價值。昆山把台商遷至蘇北，蘇北築巢引鳳，昆山再跟蘇北借指標開發建設用地。如此彈性的作法，使得昆山的 GDP 可以超過很多省，稱為「大腳小鞋」，深具特色。但是昆山的一些開發區並不具典範意義，如同廣東市一樣都是先採違規作法，再逼中央承認。另外，最有特色的黨政一體，昆山是縣級市，昆山書記是蘇州市委常委，利用黨政體系用權力再尺度化，黨政如何協調，值得探討。

三、有效區域協調機制仍待落實

　　90年代中國的財政收支已能提升國家財政支配能力，因此有關財政移轉支付可以解決中國的財政矛盾，可達到平衡作用。中國很多區域未具備發展條件，加上沒有整體產業、資源等配套措施，最終導致失敗。中國區域發展與領導人的偏好有關，如上海、天津等城市因鄧小平的政策而得以發展。區域平衡發展有助社會穩定。領導人的偏好具有政治思考，如海西區以涉台為訴求，因而造就區域發展的特色。跨域治理須要更多合作而非壁壘，從中長期來看，區域間若沒有協調機制，對於資源分配、整體多元發展有不利的影響。隨著中國領導人地方化的趨勢，未來如果能更有效之建構「協調機制」，便能減少壁壘所造成的不利影響。

　　中國地方政府間協調、互訪與對話，已行之多年，但始終難以成為積極協作與整合之力量，主因仍在於地方主義、行政區劃障礙、政治體制僵化，以及未能善用非政府組織之協力關係。尤其是各地區文化差異與發展程度不同，且受計畫箝制與市場影響不同，加之其在政治體制上仍強調權威取向，以及公私部門與社會網絡連結性低，政府與官員信任基礎有待建立，皆導致政府部門角色過於吃重。因此，若僅是無法整合資源，且信任基礎脆弱的表面合作，區域整合績效將難長期彰顯。

CHAPTER 9

中國大陸涉台次區域
經濟發展的戰略與政策觀察

【Author】曹小衡

現任　　（中國）南開大學經濟學院教授、博士生導師；（中國）
　　　　南開大學臺灣經濟研究所所長。

學經歷　（中國）南開大學經濟學博士。現兼職：（中國）海峽
　　　　兩岸關係協會（海協會）理事；中國國務院臺灣事務辦
　　　　公室海峽兩岸關係研究中心特邀研究員；（中國）商務
　　　　部海峽兩岸貿易協會理事；（中國）全國臺灣研究會理
　　　　事；天津市臺灣研究會副會長。主要研究領域為台灣經
　　　　濟、兩岸經貿關係、兩岸經濟比較研究。

壹、中國大陸區域經濟研究及實踐概況

一、區域經濟理論研究情況

　　理論界對區域經濟現象尚未有足夠的重視。西方主流經濟學的發展多為抽象一般性的理論，如供求關係理論、價格理論等，很少考慮空間因素。然而，隨著經濟活動的全球化和區域化，一些主流經濟學家已開始關注空間現象，並試圖將空間因素納入到主流經濟學分析框架中去。如克魯格曼對國際貿易和集聚的研究成果就是很好的例證。大陸大多數經濟學家們的主要理論成果依然很少涉及空間因素。當然，他們的研究成果對大陸特殊國情下的經濟運行、國企改革、金融市場、農村發展等的觀點很有見地，但是很多理論是全國性的，有些是在東部沿海地區經濟發展的基礎上提煉而來的，未必完全適用於同東部地區差異較大的中西部地區。

　　中國大陸區域經濟的特殊性為區域經濟學的發展提供了豐富的樣本。中國大陸特殊的國情提供了獨特的區域經濟研究案例。1.中國大陸為世界上最大的發展中國家，近三十年來增長十分迅速，成為世界經濟奇蹟。但在增長中區域差異十分顯著，形成非常複雜的區域發展格局。如 2011 年人均 GDP 最高的天津市是最低的貴州省的 5.36 倍（人民幣 86,496 元／16,117 元；美元 13,392 元／2,495 元）；2009 年中部和西部的平均 GDP 不及東部的 50%。2.中國大陸人口與資源的關係在世界各國中具有獨特性。一方面，中國大陸是人口大國，人均資源處於較低地位；另一方面，資源區域分佈很不均衡，大量的人口和經濟活動集中在

相對發達的沿海地區，而資源則主要分佈在中西部地區，人口、經濟與資源的區域分佈很不協調。3.文化與區域經濟關係的特殊性。4.中國大陸農村的特殊性。中國大陸是一個農業大國，約有三分之二的人口生活在農區，與西方發達國家的後工業化社會有很大不同。農區地域廣闊，農村工業發展迅速。同時，城市化快速推進，且在區域間不均衡，形成大規模大範圍的農村務工人員地域流動現象。

表一　2011 年各省市人均 GDP 資料

省市	GDP（億元）	常住人口（萬）	人均 GDP（元）	人均 GDP（美元）
天津	11190.99	1294	86496	13392
上海	19195.69	2302	82560	12784
北京	16000.4	1961	80394	12447
江蘇	48000	7866	61022	9448
浙江	31800	5443	58791	9115
內蒙古	14000	2471	56666	8773
廣東	52673.59	10430	50500	7819
遼寧	22025.9	4375	50349	7795
福建	17500	3689	47433	7344
山東	45000	9579	46976	7273
吉林	10400	2746	37870	5863
全國	471564	133972	35198.57	5449.71
重慶	10011.13	2885	34705	5373
湖北	19594.19	5724	34233	5300
河北	24228.2	7185	33719	5221
陝西	12391.3	3733	33197	5140
寧夏	2060	630	32692	5062
黑龍江	12503.8	3831	32637	5053
山西	11000	3571	30802	4769
新疆	6600	2181	30257	4685
湖南	19635.19	6568	29893	4628
青海	1622	563	28827	4463

河南	27000	9402	28716	4446
海南	2515.29	867	29012	4429
江西	11583	4457	25988	4226
四川	21026.7	8042	26147	4048
廣西	11714	4603	25449	3945
安徽	15110.3	5950	25395	3932
西藏	605	300	20152	3120
甘肅	5020	2558	19628	3009
雲南	8750.95	4597	19038	2952
貴州	5600	3475	16117	2495

資料來源：國家統計局網站、各地統計局網站及各省區市 2012 年政府工作
　　　　　報告綜合整理。

　　經濟活動的空間現象較為複雜，很難概括為統一的公理和定律，但規範化的、細緻的、嚴謹的分析能夠凝練出相對共性的觀點，揭示事物的規律性，從而帶動區域經濟研究理論水準的提高，促進區域經濟學的發展和完善。此外，區域合作機制的建立以及有效運轉直接取決於良好的制度環境、合理的組織安排和完善的區域合作規則。其中，制度環境是基礎保障，組織安排是結構保障，行為規則是具體的激勵與約束保障。因此，經濟學者在努力使區域經濟學研究走向規範化、精細化的基礎上，應關注制度創新研究，為中央政府與地方政府在各自範圍內進行有效的制度創新並建立健全跨區的組織協調機制提供合理有效的指導。

二、大陸區域經濟發展快速推進

　　國際上區域經濟規劃的發展。大致經歷了四個階段：（一）20 世紀 20～30 年代，以解決大城市發展問題為中心的區域規

劃——以歐洲城市為代表；（二）20 世紀 40～50 年代（二戰後）以恢復經濟和資源開發為中心的區域規劃——以前蘇聯為代表；（三）20 世紀 60～70 年代，以區域均衡發展為中心的區域規劃——以法國、日本為代表；（四）20 世紀末到 21 世紀初，以參與全球競爭、提高區域整體競爭力為中心的區域規劃，以紐約、東京、倫敦等新一輪規劃為代表。

1949 年以來中國大陸曾有過兩次大規模的區域經濟的規劃。第一次是 20 世紀 50 年代，以大工業專案選址為中心的工業區區域規劃和部分省區的區域規劃；第二次是 20 世紀 80 年代，以國土規劃和區域城鎮體系規劃為代表的區域規劃。

大陸已初步形成城市群區域發展基本格局，區域經濟協調發展將是中國大陸新一輪經濟發展重大任務。長三角、珠三角、環渤海等國家重點經濟帶以及相繼實施的東部率先，西部開發，東北振興，中部崛起的區域發展戰略，使各地區比較優勢得到了不同程度的發揮，尤其是近 10 多年來全國區域經濟佈局更趨合理，區域經濟協調發展取得了更大的成效，已初步形成城市群區域發展基本格局。在「十一五」、「十二五」規劃以及大陸第一個國土空間開發規劃《全國主體功能區規劃》中，大陸更加強調區域的均衡、可持續和科學發展，繼續推進區域經濟協調發展。「十二五」規劃將推動中國大陸區域經濟結構更加合理、產業佈局更為完善。中國大陸經濟發展的空間因素在規劃兩岸經濟合作研究時應予高度重視。

貳、中國大陸區域發展戰略

一、中國大陸區域經濟戰略的思考方向

為了增強區域發展戰略的針對性和可操作性,從而增強它的有效性,大陸區域經濟戰略實施主要有三個方面考量:第一個是基於促進重點地區加快發展,這既包括條件較好地區的率先開發開放,也包括欠發達地區,特別是貧困地區的發展;第二個是基於落實大陸重大的改革與發展的戰略,包括城鄉統籌的戰略、兩型社會建設的戰略、推進產業轉移的戰略等等,為了落實大陸這些重大的改革和發展戰略,推出了一些區域政策、區域規劃;第三個是基於深化區域合作和對外開放。

二、中國大陸區域經濟規劃

改革開放以來中國大陸區域經濟規劃可散見於各五年計劃或五年規劃之中。其中,十二五規劃與中國國務院 2010 年印發的、大陸第一個國土空間開發規劃《全國主體功能區規劃》,是未來五至十年大陸區域發展藍圖。如十二五規劃綱要兩橫三縱城市化戰略格局:「三縱兩橫」是指以陸橋通道、沿長江通道為兩條橫軸,以沿海、京哈京廣、包昆通道為三條縱軸的全國城市化戰略格局。以及《全國主體功能區規劃》中按開發方式將國土空間劃分為優化開發區域、重點開發區域、限制開發區域和禁

止開發區域。其中優化開發區域主要包括環渤海地區、長江三角洲地區、珠江三角洲地區等三大區域；重點開發區域主要包括冀中南地區、太原城市群、哈長地區、東隴海地區、江淮地區、海峽西岸經濟區、中原經濟區、長江中游地區、北部灣地區、黔中地區、藏中南地區、關中——天水地區、蘭州——西寧地區、寧夏沿黃經濟區、天山北坡地區等 18 個區域。基本在未來十年要達成的目標是 1.區域經濟優勢互補；2.功能定位清晰；3.空間高效利用；4.人與自然和諧相處；5.實現不同區域基本公共服務均等化。

三、中國大陸區域經濟發展的實施策略

未達成以上目標，大陸續在這五六年時間連續推出了一批重大的區域發展規劃、政策文件和方案。據粗略統計，從 2006 年起經國務院批准頒發實施的區域規劃、區域文件和相關方案，達到七十多個。這些區域經濟政策主要分三大類：國家級新區、改革開放試驗區和區域規劃。（一）國家級新區包括上海浦東新區、天津濱海新區、重慶兩江新區、浙江舟山群島新區、蘭州新區和廣州南沙新區，面積以千平方公里計。這些新區是國家重點支援開發的區域。（二）改革開放試驗區及相關試驗區（合作區）範圍比較大，包括成都和重慶統籌城鄉綜合配套改革試驗區和溫州市金融綜合改革試驗區以及深圳前海深港現代服務業合作區等。（三）區域規劃文件包括規劃原則、戰略定位、空間佈局、重點產業、基礎設施、生態保護和區域合作等內容，具有細化、實化、差別化的特點。這些規劃包括《廣西北部灣經濟區

發展規劃》、《黃河三角洲高效生態經濟區發展規劃》、《鄱陽湖生態經濟區規劃》等。

差別化的政策有利於從各個地方的實際出發，發揮各地的比較優勢，充分發揮條件較好地區的輻射帶動作用，聯動發展、梯次遞進，促進欠發達地區加快發展，加快縮小地區差距。這些區域政策實施的效果非常明顯，既照顧了各地的發展要求，同時又培育了一批重要的增長點、增長極，支撐著中國大陸經濟平穩有效的發展。這些區域政策既是大陸制定的戰略，又是從地方實際出發制訂的；既符合地方的要求，又體現了國家的意志，所以它能夠不受地方政府換屆、不受領導變更的影響，能夠把國家的政策貫徹到底。這樣就能夠促進一個地區的可持續發展，並最終促進整個國家經濟社會的全面協調可持續發展。

參、中國大陸區域經濟發展戰略中涉台部分的規劃

一、大陸區域經濟發展規劃中涉台部分的基本思路

主要有三點，（一）建立制度：如建立健全兩岸經濟合作機制及其相關制度；（二）推動落實：全面深化兩岸經濟合作推進各產業及區域合作；（三）做好試點：支援海峽西岸經濟區建設、加快平潭綜合實驗區開放開發。

十二五規劃內容包括：第一，建立健全兩岸經濟合作機制積極落實兩岸經濟合作框架協定和兩岸其他協定，推進貨物貿易、服務貿易、投資和經濟合作的後續協商，促進兩岸貨物和服務貿易進一步自由化，逐步建立公平、透明、便利的投資及其保障機制，建立健全具有兩岸特色的經濟合作機制。

　　第二，全面深化兩岸經濟合作擴大兩岸貿易，促進雙向投資，加強新興產業和金融等現代服務業合作，推動建立兩岸貨幣清算機制。明確兩岸產業合作佈局和重點領域，開展雙方重大專案合作。推進兩岸中小企業合作，提升中小企業競爭力。加強兩岸在智慧財產權保護、貿易促進及貿易便利化、海關、電子商務等方面的合作。積極支持大陸台資企業轉型升級。依法保護臺灣同胞正當權益。

　　第三，支持海峽西岸經濟區建設充分發揮海峽西岸經濟區在推進兩岸交流合作中的先行先試作用，努力構築兩岸交流合作的前沿平臺，建設兩岸經貿合作的緊密區域、兩岸文化交流的重要基地和兩岸直接往來的綜合樞紐。發揮福建對台交流的獨特優勢，提升台商投資區功能，促進產業深度對接，加快平潭綜合實驗區開放開發，推進廈門兩岸區域性金融服務中心建設，支援其他台商投資相對集中地區經濟發展。

　　《全國主體功能區規劃》對海西區的定位是：中國大陸重點開發區域；兩岸人民交流合作先行先試區域，服務周邊地區發展新的對外開放綜合通道，東部沿海地區先進製造業的重要基地，中國大陸重要的自然和文化旅遊中心。

二、高度關注重點及示範地區的發展，推動兩岸四地經濟一體化

在關注及促進重點地區發展的大思路下，又分兩個部分，第一是繼續加快條件較好的地區開放開發，繼續把傳統的金三角（一個長三角，一個珠三角，一個環渤海灣，這三個區域就是中國大陸的三個引擎）做強做大，帶動中國大陸經濟發展，第二是要培育一批新的增長點、增長級，在原來的基礎上，繼續做強做大，所以大陸還要陸續出臺一批規劃政策。其中，大陸開闢了三個改革創新的實驗點，一個是珠海的橫琴島，一個是福建的平潭島，還有一個是深圳的淺海。這三個點的目的是「制度創新」，再者是強化兩岸四地深化合作，橫琴島和淺海都是對港澳合作的，平潭島是對臺灣合作的。

三、兩岸區域經濟合作的三個平臺和四種合作方式

深化兩岸區域合作有四種可能：一是兩岸官方（地方或更高層級）推動合作；二是兩岸半官方（官方授權機構如政府基金等）；三是大陸官方與臺灣民間；四是兩岸民間。大陸提供了三個平臺：一是海西、二是平潭、三是台商投資相對集中地區。其中，《平潭綜合實驗區總體發展規劃》經國務院批准，大陸發展改革委 2011 年 11 月 15 日正式發佈。《規劃》同意平潭實施全島放開，在通關模式、財稅支援、投資准入、金融保險、對台合作、土地配套等方面賦予平潭綜合實驗區比經濟特區更加特殊、更加優惠的政策。

四、大陸推動兩岸次區域合作的具體部署

　　《平潭綜合實驗區總體發展規劃》是大陸推動與臺灣進行次區域合作的具體部署。《規劃》範圍包括海壇島及附屬島嶼，陸域面積 392.92 平方公里，總人口 39 萬。規劃期至 2020 年。《規劃》包含重要意義和開發條件、總體要求和目標任務、發展佈局、基礎設施、產業發展、社會事業和生態環境、改革開放、保障措施。其中幾點值得關注：

（一）促進兩岸融合。打造臺灣同胞「第二生活圈」，構建兩岸同胞共同生活、共創未來的特殊區域，促進兩岸經濟社會的融合發展。

（二）探索新的合作模式。通過平潭綜合實驗區的開發建設，在兩岸經濟合作、文化交流、社會管理等方面先行先試，有利於探索兩岸同胞建設共同家園的新模式和擴大兩岸交流合作的新機制，為推進兩岸更緊密合作創造和積累經驗。

（三）嘗試新的體制機制。選擇具備條件的部分區域、部分領域，開展兩岸共同規劃、共同開發、共同經營、共同管理、共同受益的合作試點，積極探索建立擴大兩岸交流合作新的體制機制。

（四）推動共同參與。組織兩岸規劃機構共同編制相關專項規劃。吸引臺灣企業和各界人士到平潭投資興業，鼓勵組成獨資、合資或合作開發主體，共同參與開發建設。

（五）合理借鑒臺灣在經濟、社會管理等方面的經驗，探索兩岸經濟、社會、文化更加緊密合作的具體途徑和方式，鼓勵

臺灣同胞參與相關經濟組織、文化教育、生活社區等方面的經營管理服務，提升平潭經濟社會事務管理水準。

CHAPTER 10

中國對台灣的次區域
經濟發展政策與台灣的因應

【Author】史惠慈

現任　　中華經濟研究院區域發展研究中心研究員。

學經歷　台灣政治大學國貿所碩士。曾任美國加州大學戴維斯分
　　　　校訪問學者。主要研究領域為產業經濟、大陸經濟改
　　　　革、兩岸產業及科技交流、區域經濟。

壹、前言

　　中國幅員廣闊，各地發展差異大，且鄰近之國家亦多，因此次區域經濟發展為其重要之發展策略。期望因應不同區域發展之步調與先天條件之差異，充分發揮不同地區比較優勢，促進區域生產要素合理流動；同時，深化中國大陸各區域合作，推進區域良性互動發展，而逐步縮小區域發展差距。換言之，次區域經濟發展是中國推動區域協調發展的重要戰略。

　　中國對於台灣採取的區域經濟發展總體戰略，大致上亦不出其整體對外次區域經濟發展戰略的基本原則。以地緣關係與台灣最接近，淵源最深的福建省為主體，提出「海西區」為兩岸合作之「先行示範區」。在兩岸經貿關係日益緊密，ECFA 提升兩岸產業合作至官方層級之際，究竟中國對台的區域發展政策是否真能促進兩岸合作，符合台灣的期望，台灣又該如何因應是值得探討的議題。

　　本文首先將先說明中國的次區域經濟發展總體策略及作法，藉此對中國的區域經濟發展政策有概括的了解。其次則就中國海西區以及其他區域對台的區域經濟合作規劃及作法加以分析，以了解中國對台經濟合作的意圖及想法。最後則探討中國對台區域合作的盲點及台灣的因應。

貳、中國的次區域經濟發展總體策略及作法

一、中國的次區域經濟發展總體策略

因應次區域化發展的思維，中國的區域一體化戰略是一個「多形式」、「多方位」的自由貿易區域一體化戰略。所謂的「多形式」，主要體現為因應中國鄰國的經濟發展水準不同、經濟結構不同、資源分佈不同，分三種形式：第一種是以自由貿易協定為主要形式的區域經濟發展策略，像中國與東協、智利、巴基斯坦簽署的自貿協定以及與港澳簽署的更緊密經貿關係安排都屬於這種形式。第二種形式為相對鬆散型的區域經濟合作論壇。主要代表是亞太經合組織（APEC）、亞歐會議（ASEM）、東協和中日韓（10＋3）機制等，這些合作機制通常是非約束性的，合作內容以政策對話、貿易促進和資訊交流為主。第三種形式即次區域經濟合作，指區域一定範圍內相鄰國家或地區之間的合作。像雲南省和廣西自治區參與的大湄公河次區域合作[1]和泛北部灣合作、大圖們江合作開發[2]等次區域合作機制等。這類合作有可能是列屬在自由貿易區域協定下，而主要合作方式是通過改善基礎設施和能力建設來促進小區域範圍內經濟的發展和繁榮。

---

[1] 亞洲開發銀行在 1992 年發起了 GMS（大湄公河次區域合作），包括瀾滄江－湄公河流經的六個國家，中國、緬甸、老撾、柬埔寨、泰國、越南。

[2] 大圖們江地區開發合作，涉及中國、俄羅斯、蒙古、朝鮮和韓國。其中，中國的參與方主要是吉林省和內蒙古自治區。

至於「多方位」，則主要體現在中國對於不同方位採取相應不同的個別次區域搭配對外之區域合作，如在西南進一步推進與東協 10＋1 區域一體化，而廣西北部灣經濟區即定位為連結東協國家與東協自由貿易區的戰略地位，推動大湄公河次區域、中越「兩廊一圈」、泛北部灣（一軸兩翼）[3]等多個區域合作。

　　至於東北三省毗鄰俄羅斯、蒙古、朝鮮，與日本、韓國隔海相望，東北亞區域是亞洲自然資源最為豐富的地區，各國在自然資源、勞動力資源和其他社會經濟要素上有非常強的互補性，此一區域開展的經濟合作，以大圖們江地區開發合作為主，中國的參與方主要是吉林省和內蒙古自治區。

　　中亞區域經濟合作，則由亞洲開發銀行於 1996 年發起，參與國包括中國（主要以新疆維吾爾族自治區為主），以及哈薩克、吉爾吉斯、烏茲別克、塔吉克、亞塞拜然、阿富汗和蒙古等國。合作內容包括促進過境貿易和邊境貿易發展的政策環境和措施，藉由海關集體行動計劃，啟動了中吉烏公路等項目建設和跨境運輸法規協調等，中國期望透過天山北坡經濟帶帶動西部對中亞開放，連結中國大陸與中亞國家能源戰略關係。

　　在東南沿海地區則為對港澳及台灣的區域合作。其中，對港澳的區域合作，係以廣東省為主，加強與香港、澳門的經濟緊密

---

[3] 2004 越南總理潘文凱提出兩廊一圈的區域合作構想，2006 年中國廣西壯族自治區提出中國－東協一軸兩翼的區域合作構想，後獲中國中央政府支持，納入十一五計畫配合投資。一軸兩翼的區域合作則是指一經濟走廊為中軸，兩個區域板塊為雙翼，經濟走廊為南寧－河內－胡志明市－金邊－曼谷－吉隆坡－新加坡；雙翼為泛北部灣經濟圈，包含 ASEAN 6 ＋越南，以及大湄公河次區域合作，包含 ASEAN 4＋泰國。一軸兩翼可視為中國－東協 M 型區域經濟合作戰略，東協十國已均表態支持或參與投資建設。

合作，更進而推動泛珠三角區域的合作，[4]包括廣東、福建、江西、廣西、海南、湖南、四川、雲南、貴州 9 個省（區），加上香港和澳門兩個特別行政區在內的 11 個地區合作。

對台灣的區域合作，在「十一五規劃」中，中國表明支援海峽西岸和其他台商投資相對集中地區的經濟發展，促進兩岸經濟技術交流和合作；並將海西區[5]定位為與台灣經濟對接的主要發展區域，視海西區為兩岸合作之「先行示範區」，加強海峽西岸經濟區與臺灣的經濟對接及產業合作，而製造業被列為重點發展項目，希望透過結合雙方的優勢，做好產業分工，帶動海西經濟區成長，建設成為具有較強競爭力的先進製造業基地和兩岸產業合作基地。

二、中國推動次區域經濟發展的作法

由現行的次區域經濟合作規劃來看，中國中央雖同意推動，並表示支援，但並未有明確具體的政策規劃，實際的政策措施與配套主要仍賴地方政府之規劃，中央政府再予以協助。但地方政策推動仍需獲得中國中央政府的政策許可，畢竟大陸中央支持的意願，將影響其對地方政府的資金或政策支持力度，故地方政府除先行規劃力推外，仍將積極爭取中央政府的支持，或是納入

---

[4] 2003 年以來，由廣東省倡導，與福建、江西、湖南、廣西、海南、四川、貴州、雲南等八省（區）政府和香港、澳門特別行政區等合作推動的泛珠三角區域合作。泛珠三角區域合作的兩大平台一是泛珠三角區域合作與發展論壇，二是泛珠三角區域經貿合作洽談會。

[5] 海西區包括江西、浙江、福建與廣東四省（以福建為主）。

中央的總體經濟發展計畫，如泛北部灣經濟圈、海西經濟區納入「十一五規劃」之內；或由中央部委協助推動如泛珠江三角區域合作，而昆山深化兩岸產業合作試驗區也正依循這樣的模式進行。

其次，中國中央的作法是以預算資金或政策方面的支持為主，且側重於基礎設施的投入。由泛北部灣經濟圈與海西經濟區的規劃執行來看，中國中央政府的支持不脫一般次區域合作的模式，以改善基礎設施和能力建設來促進小區域範圍內經濟的發展和繁榮，包括「鐵公基」專案，以及相關財政、關務等行政方面的配合。至於泛珠江三角區域合作方面，亦以前述的資金與政策的協助支持為主，另搭配論壇性質的參與，擴大參與層面，如泛珠三角區域合作與發展論壇與泛珠三角區域經貿合作洽談會除由 9＋2 地方政府共同主辦外，國家發展和改革委員會、商務部、國務物港澳事務辦公室、國務院發展研究中心亦擔任論壇指導單位。

三、地方政府主導次區域經濟發展方向

中國參與區域經濟合作，除了中央政府的大力推動外，地方政府也相當積極的投入規劃，尤其是沿邊各省區政府多參與次區域經濟合作，例如，雲南、廣西參與了大湄公河次區域經濟合作，新疆參與了中亞區域合作，吉林、內蒙古參與了大圖們江開發合作。

由中國大陸各區域的區域發展規劃內容觀之，明顯的各地方政府的區域經濟發展規劃仍是以各自區域性的全面發展為優先

考量，尤其是以製造業發展為目標。而對外的各次區域經濟合作戰略上，各地方政府也並不僅限於中央所確認的次區域經濟合作面向。例如西三角的《成渝經濟區規畫》對外戰略，即為打通南向經昆明至印度洋、東向連接長三角至太平洋和西北向經歐亞大陸橋至大西洋的出海大通道，加強與東協、南亞、歐美、日韓、非洲經濟合作，全面參與國際區域合作。

參、中國對台的區域經濟合作戰略與規劃

　　依據「十一五規劃」顯示中國中央政府「支援海峽西岸和其他台商投資相對集中地區的經濟發展，促進兩岸經濟技術交流和合作」，所以海西地區不是唯一可對台經濟合作的「先行先試」區域。事實上由目前的各種資訊觀之，想要對台成立「先行先試」區域且可能獲得中央政府政策許可的不僅只有海西地區。至於做法上則如同其他區域經濟合作的規劃，中國中央雖提出「海西先行先試」的戰略宣示，並表示會支援其他台商投資相對集中地區的經濟發展，但亦未對此公布任何具體政策規劃，實際的政策措施與配套主要仍賴地方政府之規劃，中央政府再予以協助。以下將就海西區以及其他區域對台灣的區域經濟合作規劃及作法加以說明。

一、海西區的對台區域經濟合作規劃

中國中央提出「先行先試」的海西經濟區，對台區域經濟合作規劃，明顯著重於在建立兩岸長期、穩定的經貿合作機制過程中，允許海峽西岸經濟區在促進兩岸貿易投資便利化、台灣服務業市場准入等方面先行試驗；實行更加開放的對台貿易政策，擴大大陸台資企業所需的原材料及零組件進口，並積極推動優勢產品對台出口。

至於產業合作對接方面，按照「對等優先、適當放寬」的原則，以資訊、石化、機械、船舶、冶金等產業為重點，加強兩岸產業深度對接。同時，擴大兩岸產業對接領域，包含光電、生物醫藥、節能環保、新能源、新材料、海洋等產業。並提出吸引與上述產業之上下游企業投資之優惠政策，提升台商投資區載體作用，加強台商投資區、開發區、海關特殊監管區域功能整合，推動台商投資集聚發展，提高產業承載力並完善產業鏈建設。

產業類別除製造業以外，農業及服務業合作是另一重點項目，加強對台灣農業資金、技術、良種、設備等生產要素的引進與合作。另外，支持建設海峽兩岸農業技術合作中心、加快建設對台灣農產品出口加工基地，打造兩岸農產品集散中心。而服務業合作則強調建設兩岸區域性金融服務中心、建立兩岸物流業合作基地，積極承接台灣現代服務業轉移；旅遊合作是金融、物流以外另一重點推動項目，規畫建立兩岸旅遊互動合作機制，推展「海峽旅遊」品牌。同時，開拓對台灣之旅遊市場，使之成為大陸對台灣旅遊先行先試示範區和兩岸旅遊合作重要基地。

二、其他區域的對台區域經濟合作規劃

　　然而，規劃與台灣區域經濟合作的區域，並非僅有中國中央宣示「先行先試」的海西地區而已，其他區域的規畫亦有相關的宣示，如：

（一）《成渝經濟區區域規劃》之「加強區域合作」規劃。其中與港澳台地區合作部分將加快重慶台商工業園、渝台資訊產業園、台灣農民創業園和成都海峽兩岸科技產業園、新津台灣農民創業園建設，加強與台灣地區經濟技術交流與合作。

（二）《廣西北部灣經濟區發展規劃》於開放合作的章節指出，將深化桂台經貿合作，並建設海峽兩岸（玉林）農業合作試驗區。

（三）中原經濟區於《中原經濟區規劃（2012-2020）》中指出，為充分發揮中原經濟區戰略腹地效應，全面加強與周邊經濟區的合作互動，其中亦包含對於港、澳、台之經貿交流與合作，並加快台灣農民創業園等合作園區建設。

（四）《長江三角洲地區區域規劃》中有關與台灣經貿合作的規劃為，冀望透過加強與港、澳、台地區合作，特別在經貿和科技的加強合作，並透過與港、澳、台地區的投資及貿易往來，充分利用香港等地作為拓展國際業務的基地和平臺，進一步帶動長三角地區深度融入國際市場。

（五）《珠江三角洲地區改革開發規畫綱要（2008-2020）》中，有關與台灣經貿合作的規劃，將依託珠江三角洲地區現有台資企業，進一步擴大對台經貿合作，拓展合作領域。

三、各省市的對台區域經濟合作規劃

　　由於台商在大陸的投資已久，範圍也廣，因此除了中國中央政府主導的區域規畫中囊括對台經濟合作策略外，各省分／城市也都有與台灣相關的合作規畫，其中不乏「先行先試」概念的策略措施。

（一）上海市於 2011 年發佈《上海市進一步促進台資企業發展的若干舉措》，幫助上海台資企業應對挑戰，進一步促進滬台兩地經貿合作。

（二）天津市制定《關於進一步支援台商投資企業加快發展的意見》，本著「對等優先，適當放寬」的原則，進一步推進津台經貿交流合作，以抓住實施《海峽兩岸經濟合作框架協定（ECFA）》的機遇。

（三）重慶規劃設立內陸「ECFA 先行先試區」，除將重慶打造成為繼廣東、福建之後，以發展筆電產業鏈為龍頭的第三大台商聚集地外，並且建議重慶市政府向國家相關部委商請，在 ECFA 後續協議商談中，對目前尚未在大陸全方位開放的領域，將重慶納入先行試點開放城市，在渝台合作上包括投資貿易便利化、知識產權保護、海關合作、金融合作、電子商務合作等方面給予支持。此外，重慶市市政協港澳台僑和外事委員會亦提出盡快研究制定《渝台產業合作規劃》，加強渝台產業深度對接，明確渝台產業合作與發展的目標和方向。

（四）昆山也積極爭取成為兩岸「ECFA　先行先試地區」，2013年 2 月中國國務院批准設立「昆山深化兩岸產業合作試驗

區」，將示範區延伸至製造業領域及其他現代服務業的推動與兩岸合作。推動兩岸商貿及現代服務業深化合作、推動兩岸金融創新合作，依託海峽兩岸（昆山）商貿合作區，打造台灣商品進入大陸的第一平臺；以及推動兩岸產業深度融合，協助現有台資企業轉型升級；加強與台灣在光電顯示、新能源、節能環保等產業的深度合作（面板、半導體）；加強兩岸在核心技術的聯合研發。

四、中國對台次區域經濟發展的政策工具

（一）針對製造業的政策工具

　　中國多數區域對台的次區域經濟發展政策仍集中在製造業之規劃，以產業園區的經濟合作為主要政策工具。如成渝經濟區的重慶台商工業園、渝台資訊產業園、台灣農民創業園和成都海峽兩岸科技產業園、新津台灣農民創業園；北部灣經濟區的海峽兩岸（玉林）農業合作試驗區；中原經濟區的台灣農民創業園等合作園區；珠海金灣台灣農民創業園和佛山海峽西岸農業合作實驗區。至於海西經濟區，在產業聯結為主的規劃下，台商投資區亦是主要載體，如廈門、福州台商投資區擴區和新設立泉州台商投資區、海峽兩岸農業合作試驗區、現代農業示範區、現代林業合作實驗區、台灣農民創業園。

　　除協助投資上述特許投資領域外，提供投資優惠措施亦是常見的工具，如海西經濟區對台商投資企業試行「直接登記制」、免收企業註冊登記費、註冊資本零首付制；並提供部分商品零關

稅。天津市放寬市場主體准入條件，營造對台資企業寬鬆優惠的政策環境。重慶市提出產業園區企業所得稅優惠，享受重慶扶持中小企業的財稅、信貸政策，專項融資，支持台資企業參與重慶擴大內需的建設工程和項目。

（二）服務業、智財權、研發、生活機能提升等面向之政策工具逐漸被重視

綜觀中國對台的次區域經濟發展的政策工具，少數區域重視製造業以外的領域，如金融服務業、中小企業與台商交流生活機能的提升等議題。長三角地區利用建設上海國際金融中心的先行先試政策優勢，積極吸引台資金融機構在上海的集聚發展，強調長三角證券、期貨市場與港、澳、台資本市場的互動合作，引進港、澳、台資本參與地方金融機構改造重組。而所採行的政策措施則以加強對上海台資企業的授信力度與拓寬直接融資渠道；促進滬台合作或支持台資商業性融資擔保機構在上海的設立和發展；建立滬台兩地徵信系統間的合作為主。昆山市則提出支持彰化銀行開辦人民幣貸款業務、支持台灣金融機構在崑山設立區域總部。

至於海西經濟區，則在同等條件下，採取優先批准設立金融機構或參股、促進兩岸銀行卡通用和結算；同時推動兩岸物流產業標準化和網路化建設等。此外，海西經濟區規劃中也強調金融、物流以外的服務業合作，突顯兩岸文化交流，支持設立兩岸文化教育交流合作專項基金，扶持海峽西岸經濟區，並逐漸重視台灣地區的文化交流和文化產業發展；支持設立兩岸教育合作實驗園區，吸引台灣高等院校合作辦學；更支持設立兩岸出版交流試驗區。

珠三角地區強調支援建立多種交流機制，提升對台經貿合作水準，如協會、商會等民間交流，或鼓勵開展經貿洽談、合作論壇和商務考察等；以及為台商創造良好的營商和生活環境，鼓勵開辦台商子弟學校和建立相關的醫療、工傷保險機制。

　　另外重慶為鼓勵台灣中小企業前來投資，也提出設立台商子女學校、建立台商綜合大樓、開設台商綜合醫院、開設中小企業擔保公司、小額貸款公司、引進偏遠山區學生赴台資企業產學合作等項目，積極拓展中小企業台商投資重慶。

　　再者，智財權保護、品牌及研發合作也是部分區域的政策重點，如長三角地區強調與港、澳、台地區的產學研合作，支援聯合開展科技研發和共建創新平臺，鼓勵共同建立智慧財產權和品牌，加強智財權的保護、台資企業品牌的扶持與維護，並提供企業人才職業培訓的補貼。重慶市允許符合條件的台灣居民在重慶按相關管理辦法從事律師、醫師、會計師、建築師等職業等。

肆、中國對台區域合作的盲點及台灣的因應

一、中國對台次區域經濟發展仍秉持經由對外合作帶動該區域發展的主要目標，以中央支持地方投入的方式進行。

　　綜合前面的敘述顯示，中國在對外採取區域經濟合作發展戰略時，針對不同的區域合作對象，將以與該區域經濟合作接近的

省（區）為推動主體。換言之，即利用「次區域經濟合作」連結國際，期望藉由與對外的經濟合作帶動該區域的發展。而中國對台的次區域經濟發展總體戰略，亦不出其整體對外次區域經濟發展戰略的思維原則。

至於作法上亦是中央提出「海西先行先試」的戰略宣示，卻未公布任何具體政策規劃，實際的政策措施與配套主要仍賴地方政府之規劃，因此地方的發展成為規劃的重要主導方向。而中央的支持亦是以基礎建設投入為主，以中國中央宣示對台「先行先試」的海西地區而言，2005年福建省第十屆人大三次會議通過「關於促進海峽西岸經濟區建設的決定」，2006年中國正式將海西區列入十一五規劃中，透過多項中央與地方的政策支援，協助海西區發展。例如中國宣布的15項對台經貿措施便鼓勵台商對福建投資，以及支持海西加快建設，包括構築以「三縱八橫」為主骨架的高速公路網，加快建成和完善京台線、福銀線、廈成線、泉南線、長深線、寧上線等國家高速公路福建段，加快沈海線福建段擴建及新建複綫，積極推進興化灣經尤溪至重慶省際間的高速公路通道建設；加快實施納入國家中長期鐵路網調整規劃的海西鐵路發展專案等。另外，針對中國力推的平潭綜合實驗區，其平潭海峽大橋（一橋）和福清漁溪至平潭高速公路已於2010年正式通車；平潭海峽大橋復橋、島內一環二縱二橫、長樂至平潭高速公路等則在建設中。顯示在中國中央政府的支持下，海西地區對外交通以及基礎建設正逐漸完善。

同時區域上亦未侷限在海西地區，在台商投資大陸已久，範圍也廣的背景下，海西以外的其他省分／城市也都有與台灣相關的合作規畫，除各有「先行先試」概念的策略措施外，亦均獲得中國中央的支持，如《廣西北部灣經濟區發展規劃》、《成渝經濟

區區域規劃》、《中原經濟區規劃（2012-2020）》、重慶市與昆山市規劃中的相關基建設施也均逐步完善中。

二、中國對台次區域經濟發展的規劃以招商、引資、引技術為主軸，符合各區域的發展，卻未必符合台灣的發展規劃或者符合兩岸雙利的期盼。

其次，就對台經貿合作的政策來看，則不論是海西地區對台經貿合作的「先行先試」，抑或其他區域，尤其是台商投資較多的區域，所提有關與台灣經貿合作之規劃，明顯期望藉由與台灣的經濟合作帶動或增進該區域的發展，招商、引資、引技術的思維隱然可見。與以往的差別是期望與台灣經貿合作的產業類別由製造業向製造與服務業（金融與物流）並重、向研發合作延伸，並朝拓展中國內需市場發展。至於中國對台的次區域經濟發展的政策工具，方式上仍然重視製造業與農業的產業園區載體，搭配投資優惠政策，至於服務業方面，長三角地區、海西經濟區等著墨較多，如金融服務業與物流業，但也不脫招商引資、吸技術、吸人才的思維，利用台灣帶動大陸地區的發展，包括海西經濟區。另外重視經營環境的政策規劃，如品牌、研發、智財權、人才等面向的政策工具，則較見諸於長三角地區、珠三角地區、重慶市。

綜合來看，此等規劃與政策措施，明顯符合中國各區域的發展目標，也的確吸引了台灣資金、企業、技術與人才的流向大陸，如重慶對台招商策略，在五年內躍升為中國四大台商聚集地之

一，但是重慶的「騰籠換鳥」經濟發展策略或是勞工政策規劃係為了滿足重慶的經濟發展，未必符合台灣的發展規劃或者符合兩岸雙利的期盼。同時，在地方政府主導的區域規劃下，區域間的相互競爭，亦形成為競爭而競爭的資源浪費，產生重複投資與不完全依照各自比較優勢規劃的產業發展，此也未必有利於兩岸的合作，符合雙方的利益。

三、因應兩岸經濟合作的發展趨勢與中國的政策規劃，台灣應確認台灣在兩岸經濟與產業的合作定位，主動提出有利雙方的合作方向及項目，爭取更多符合台灣產業發展規劃與期望的政策優惠，導引兩岸間的合作也能符合台灣的期望與規劃，創造符合雙方之利益。

在兩岸洽談 ECFA 後續協議之際，面對中國大陸中央與地方對台的經濟合作發展策略，台灣應有總體戰略思維，正視台灣資金、企業、技術與人才的流向大陸，對台灣所造成的影響，在顧及台灣與兩岸產業發展的需要下，確認台灣在兩岸經濟與產業的合作定位，主動提出有利雙方的合作方向及項目，也針對對方所提出的合作議題，研擬台灣應有的對應策略。即化被動為主動，藉由 ECFA 協議之機，利用中國的對台次區域經濟發展規劃，爭取更多符合台灣產業發展規劃與期望的政策優惠，導引兩岸間的合作也能符合台灣的期望與規劃，創造符合雙方之利益。當然中國也應重視台灣方面的需求，才能共同創造出符合兩岸雙贏的利益。

再者，當前兩岸在合作上存在互信不足、制度規範限制等問題，導致雙方產業合作的成效不佳。因此對於有「先行先試」規劃的區域，應以兩岸 ECFA 的增補擴充方案的概念，推動兩岸間的「區對區」合作，以台灣的自由經濟示範區與中國的對台先行先試區進行合作，突破雙方的政策法令限制，提升彼此競爭力，創造雙贏局面。而離島的地緣優勢，正可以做為兩岸次區域經濟合作先行區域之一，不僅可避免政治上的敏感性，亦可透過兩岸合作帶動區域均衡發展的示範，形成未來兩岸可行的區域或次區域合作模式。

CHAPTER 11

香港與中國的
次區域經濟合作經驗

【Author】林昱君

現任　　　中華經濟研究院第一研究所副研究員。

學經歷　　美國伊利諾大學經濟學碩士。曾任中華經濟研究院 WTO
　　　　　中心副研究員。主要研究領域為經濟發展、貿易理論、
　　　　　兩岸貿易、香港經濟等。

壹、前言

　　文章分成二大部份，第一部分分析中國與香港的「更緊密經貿關係安排」（CEPA），第二部分分析泛珠三角區域的經濟整合現況與展望。第一部份主要分二段落來探討，分別為第一段落分析中港 CEPA 在經濟合作之戰略意義，第二段落說明 CEPA 迄今之進程與協議內涵。第二部份有四段落，分別為泛珠三角的緣起與定義，泛珠三角區域的發展與戰略目標，泛珠三角區域合作發展現況，及香港 CEPA 促進與泛珠三角合作之角色。

貳、中港 CEPA 在經濟合作之戰略意義

一、中國加入 WTO 後積極推動 FTA

　　中國自 2001 年底加入 WTO 後，推動 FTA 已成為其「政治—外交—經濟」多面向的新攻勢，通過簽署 FTA，不僅能夠獲得經濟利益，而且能夠體現政治和外交的利益取向。不過，中國對於推動 FTA 之政策立場，並不像日本一般，於特定的時間點明確提出具體的政策立場與策略。

　　總結中國推動 FTA 之重要立場文件如下：

（一）2002 年 7 月 31 日，參加東協地區論壇外長會議的中國代表團向大會提交《中方關於新安全觀的立場文件》，首度以國家文件的等級，闡述中國在新國際形勢下的安全觀念和政策主張。重點包括，積極尋求透過和平談判解決與鄰國的爭議問題、把加強經濟交流與合作視為營造周邊持久安全的重要途徑、努力推動地區安全對話合作機制的建設、指出建立上海合作組織是對新安全觀的成功實踐。

（二）更重要的是，2007 年 10 月 15 日，胡錦濤在中國共產黨第十七次全國代表大會上，以領導人的地位首度明確闡述「實施自由貿易區戰略，加強雙邊多邊經貿合作，積極開展國際能源資源互利合作」，亦即，中國共產黨的十七大報告首次正式提出要積極實施自由貿易區戰略，從此對外簽署 FTA 協定已被中國視為國家層級的重大戰略來推動。如何利用 FTA 這一符合全球經濟發展潮流的平台、加強區域經濟合作，成為中國應對世界經濟格局變化的必要手段之一，也是中國發展開放型經濟的客觀需要。

綜觀中國推動 FTA 的重要策略目標，大體而言，除了經濟性考量外，亦包含非經濟目標之考量，如深化外交影響力、獲得市場經濟國家的地位、確保能源安全與糧食安全。從已實施的 FTA 情況看，儘管在貨物貿易、服務貿易、投資等領域，中國都取得一定的推動成果，但對中國的貨物貿易整體發展、服務貿易對外開放，卻還缺乏實質性影響和經濟成效。主要原因在於，中國是一個規模大、正在崛起的經濟體，經濟規模和綜合競爭力往往高於另一協議簽署方，對中國而言，完成 FTA 簽署後，其後續實施的實質性效應尚未明顯。

二、香港特區政府向中國提出 CEPA 之緣起過程

擁有 700 萬人口，每人平均所得超過三萬美元的香港，在香港英政府奉行自由經濟政策之下，以一個地狹人稠、天然資源缺乏的地方，能發展到今日世界矚目的「東方之珠」，追溯其經濟發展歷程，不得不令人信服「危機是轉機」這句話。自「九七」中國大陸因素加入之後，香港再次面臨歷史性的重要轉折點，而「CEPA」可說是香港經濟第三次的重要經濟轉型點。

香港、中國的「更緊密經貿安排」（CEPA）的構想，最早是 2000 年初由香港總商會所提出，當時總商會發表《中國大陸加入世貿及其對香港商界的影響》報告中，首度提及中國與香港推動「自由貿易協議」之建議，總商會向前香港特區行政長官董建華提呈上述報告時，請董建華考慮這個符合 WTO 規定的構想。

於是，董建華在 2001 年向中國首次提出，主要目的是希望中國加入 WTO 之後，在有關對外開放市場的承諾未正式實行之前，香港搶先和中國簽署一些類似自由貿易的協議，以取得建立更緊密經濟關係的先機，藉此來挽救處於低迷的香港經濟。但是，當時的中國對外經貿部（現為商務部）副部長安民反應冷淡，甚至在公開場合回答記者時表示對 CEPA 此事未有所聞，令當時的香港特區財政司長梁錦松向外界表示「感到無奈」，因而 CEPA 在 2001 年並未有任何進展。

2001 年 12 月 11 日中國正式加入 WTO 後，2002 年元月香港與中國的 CEPA 磋商才正式展開，但初期進展緩慢，主要原因是中國內部有許多不同的看法，包括中國給予香港的優惠是否對中國其他省市形成不公平待遇，以及會不會損害大陸整體國家利

益等等，因中國內部意見不易整合，因此 2002 年未見進展。直至 2003 年春季中國與香港兩地先後發生 SARS 危機後，香港的經濟發展及政治氣氛陰霾密佈。鑑於此，中國高層即決定以推動 CEPA 來協助香港解決政經危機，有關 CEPA 的協商才全面火速進行。

2003 年 6 月 29 日中國總理溫家寶到香港出席 CEPA 的簽署儀式，簽署了 CEPA 的主體內容後，9 月 29 日進一步簽署 6 份實施細節的附件，而生效日期訂於 2004 年 1 月 1 日起實施。借由 CEPA 的簽署，中國對香港的貨品貿易、服務貿易都較中國入 WTO 承諾提早一步開放市場，並且，所涉及的進入門檻範圍也較中國在 WTO 的承諾更優惠寬廣，使中小型的香港公司亦可受惠。

三、「一國兩制」是 CEPA 運作的前提條件

至於中國與香港建立更為緊密之關係（CEPA），其重要策略目標，除了協助香港經濟發展並維持社會穩定外，主要目標係希望透過開放自身之商品與服務市場，與香港有更緊密之連結關係，以達到維護領土統一、實踐「一國兩制」、深化主權融合之目的考量。「長期來說，則是與香港在「兩制」框架下，實現經濟往來規則向「一國」鬆動的正式制度安排。同時，CEPA 還成為促進兩岸四地融合的突破點，也是在中國在區域經濟一體化進程中，實現大中華經濟圈的起點」[1]。

---

[1] 李媛媛，馮邦彥，〈CEPA：實施效應、存在問題及發展趨勢〉，《暨南學報（哲學社會科學版）》，第 26 卷第 6 期，2007 年 11 月，頁 57-63。

在 2003 年 CEPA 初始協議的第一章總則之下，第二條原則的第一、二款即明確定義 CEPA 的達成、實施以及修正，應遵循「一國兩制」的方針並符合 WTO 的規則。在第六章第十九條則指出，雙方將本著友好合作的精神，雙方成立「聯合指導委員會」（由雙方高層代表或指定的官員組成），協商解決 CEPA 在解釋或執行過程中出現的問題，委員會採取協商一致的方式作出決定。

並且，在貿易摩擦方面，雙方承諾一方將不對原產於另一方的進口貨物採取反傾銷措施（第二章第七條），雙方承諾一方將不對原產于另一方的進口貨物採取反補貼措施（第二章第八條），在第二章第九條雙方也承諾，如因 CEPA 的實施造成一方對列入附件 1 中的原產於另一方的某項產品的進口激增，並對該方生產同類或直接競爭產品的產業造成嚴重損害或嚴重損害威脅，該方可再以書面形式通知對方後臨時性地中止該項產品的進口優惠，並應儘快應對方的要求，根據 CEPA 第十九條的規定開始磋商，以達成協議。

四、中國推動 CEPA 並非經濟性考量：希望實現「大特區」的次區域經濟整合

中國與香港建立更為緊密之關係（CEPA），對中國經濟的增益其實相當有限，中國對其政策立場與目標不同於與其他的 FTA。張婕、許振燕[2]（2007）的實證研究結果也表明，CEPA 的

---

[2]　張婕、許振燕，〈CEPA 貿易創造與貿易轉移效應的實證分析〉，亞太經濟，2007 年第 1 期，頁 77-81。

實施對香港產生了總貿易創造效應和淨貿易創造效應，而對中國則並未形成顯著的貿易創造和貿易轉移效應。

中國以 CEPA（自由化程度最高的 FTA）優惠於香港，在戰略目標考量之中，最主要是實踐「一國兩制」、深化主權融合之目的。其次，中國以 CEPA（釋放試點給珠三角、廣東），希望實現新的粵港合作關係，形成資源共享、利益一致的共同體，即「大特區」的區域經濟整合。最明顯的作為是，當香港自 1997 年回歸中國，並於 2003 年 6 及 10 月與中國簽署「大陸與香港更緊密經貿關係安排」（CEPA）後，立即於 2004 年 6 月 3 日簽署《泛珠三角區域合作框架協議》（「9＋2」），並表明其主要宗旨，就是在與香港《CEPA》框架內進行合作。至於，所謂的「9」：廣東、福建、江西、湖南、廣西、海南、四川、貴州、雲南，所謂的「2」即是「香港、澳門」。

職是之故，CEPA 對香港產業的開放過程中，如果有涉及特定地區之特別待遇部分，均一定會優先包含「廣東省」，其中有些甚至僅獨厚於廣東省，亦即，地區特殊優惠部份乃 CEPA 協議之重要特色。

參、中港 CEPA 迄今之進程與協議內涵

香港自 1997 年回歸中國，並於 2003 年 6 及 10 月與中國簽署「內地與香港更緊密經貿關係安排」（CEPA）。CEPA 雖無 FTA 之名，但有 FTA 之實，係屬一種中央政府與特別行政區之

間的經貿安排。沒有使用 FTA 之稱謂，主要是為了與一般 FTA
區隔，展現同一主權國家內部條款的特殊性。並且，中國官方
明確對外表示，在所有已經簽署與正在談判的 FTA 中，大陸與
香港特別行政區政府所簽署的 CEPA 協議，是自由化程度最高
的 FTA。

　　事實上，CEPA 的簽署，更是「一國兩制」方針在經貿領域
的實踐，從此成為中國與香港經貿史上的里程碑。自 2003 年 6
月簽訂 CEPA 初始協議，2004 年 1 月 1 日起 CEPA 正式運作，迄
2013 年 4 月，以「循序漸進」模式，中國與香港已簽署十份協議
（初始協議、九份補充協議），如表一所示，簡稱為 CEPA-1 至
CEPA-10。中國為了深化與香港的經濟合作，讓 CEPA 作為一開
放性的制度性安排和戰略措施，也因為預期對兩地經濟和社會的
影響將隨著自由化過程的不斷推進而逐步顯現，並不是短時期內
能夠看到明顯變化，關鍵在於長期實施的作用，因此，中國官方
強調，CEPA 政策的落實，將隨著兩地合作關係的拓展，不斷增
加和發展新的協議內容。

　　中國與香港的 CEPA 協議之中，不僅服務貿易為主要特色
與重點，針對特定地區給予專屬優惠，亦為中港 CEPA 特色之
一。整體而言，CEPA 中提及對於特定地區的特別優惠待遇部分
（排除獨厚於廣東省的項目），迄 2013 年 4 月，共有 10 個服務
開放項目，包括：醫療服務、醫院與其他人類衛生服務、會議和
展覽服務、旅遊、公路、文娛服務、數據庫服務、人員提供與安
排服務、印刷和出版服務、教育服務。而 CEPA 之地區特殊優
惠之中，僅獨厚於廣東省的部分，迄 CEPA-10 則包含 23 個服
務項目，分別為：法律、會計、建築、醫療、人員提供與安排
服務、公用事業服務、旅遊、視聽服務、電信服務、零售服務、

銀行、證券、保險、分銷、海運、公路、鐵路、個體工商戶、社會服務、環境服務、工程、技術檢驗和分析服務與貨物檢驗服務、其他。

表一　中國與香港 CEPA 協議簽訂時間表

	日期	文件	附件
第一階段	簽訂日期： 2003 年 6 月 29 日 及 2003 年 9 月 29 日 執行日期： 2004 年 1 月 1 日	中國大陸與香港關於建立更緊密經貿關係的安排[3]	附件 1：　關於貨物貿易零關稅的實施 附件 2：　關於貨物貿易的原產地規則 附件 3：　關於原產地證書的簽發和核查程序 附件 4：　關於開放服務貿易領域的具體承諾 附件 5：　關於「服務提供者」定義和相關規定 附件 6：　關於貿易投資便利化
第二階段	簽訂日期： 2004 年 10 月 27 日 執行日期： 2005 年 1 月 1 日	《中國大陸與香港關於建立更緊密經貿關係的安排》補充協議	附件 1：　第二批中國大陸對原產香港的進口貨物實行零關稅的產品清單 附件 2：　第二批享受貨物貿易優惠措施的香港貨物原產地標準表 附件 3：　中國大陸向香港開放服務貿易的具體承諾的補充和修正
第三階段	簽訂日期： 2005 年 10 月 18 日 執行日期： 2006 年 1 月 1 日	《中國大陸與香港關於建立更緊密經貿關係的安排》補充協議二	附件 1：　2006 年享受貨物貿易優惠措施的香港貨物原產地標準表（一） 附件 2：　中國大陸向香港開放服務貿易的具體承諾的補充和修正二

---

[3] 由 WTO 官方網站得知，中國與香港簽訂 CEPA 協議正文，並於 2003 年 12 月 27 日向 WTO 通報。之後，CEPA 每次補充協議即可在 WTO 官方網站的 RTA 文件中找到相關資料。

	簽訂日期：2006年6月27日 執行日期：2007年1月1日	《中國大陸與香港關於建立更緊密經貿關係的安排》補充協議三	附件：中國大陸向香港開放服務貿易的具體承諾的補充和修正三
第四階段		關於2006年上半年《中國大陸與香港關於建立更緊密經貿關係的安排》項下零關稅貨物原產地標準的確認書	附件：2006年上半年香港享受零關稅貨物原產地標準表
第五階段	簽訂日期：2007年6月29日 執行日期：2008年1月1日	《中國大陸與香港關於建立更緊密經貿關係的安排》補充協議四	中國大陸向香港開放服務貿易的具體承諾的補充和修正四
第六階段	簽訂日期：2008年7月29日 執行日期：2009年1月1日	《中國大陸與香港關於建立更緊密經貿關係的安排》補充協議五	中國大陸向香港開放服務貿易的具體承諾的補充和修正五
第七階段	簽訂日期：2009年5月9日 執行日期：2009年10月1日	《中國大陸與香港關於建立更緊密經貿關係的安排》補充協議六	中國大陸向香港開放服務貿易的具體承諾的補充和修正六
第八階段	簽訂日期：2010年5月27日 執行日期：2011年1月1日	《中國大陸與香港關於建立更緊密經貿關係的安排》補充協議七	中國大陸向香港開放服務貿易的具體承諾的補充和修正七
第九階段	簽訂日期：2011年12月13日 執行日期：2012年4月1日	《中國大陸與香港關於建立更緊密經貿關係的安排》補充協議八	中國大陸向香港開放服務貿易的具體承諾的補充和修正八

| 第十階段 | 簽訂日期：
2012 年 6 月 29 日

執行日期：
2013 年 1 月 1 日 | 《中國大陸與香港關於建立更緊密經貿關係的安排》補充協議九 | 中國大陸向香港開放服務貿易的具體承諾的補充和修正九 |

資料來源：本研究整理。

肆、香港 CEPA 與泛珠三角合作之發展

一、泛珠三角的緣起與定義

　　「泛珠三角」的概念，最初是中國廣東省委書記張德江在 2003 年 11 月召開的「廣東經濟發展國際諮詢會」上第一次正式提出，其後得到福建、江西、湖南、廣西、海南、四川、貴州、雲南等八省（區）政府積極回應和大力推動，當發展方案提到中國中央政府討論後，中央認為應加進香港和澳門，因此便產生「9＋2」的構想。

　　狹義的「珠江三角洲」包括廣州、深圳、珠海、東莞、中山與惠州等十個城市，面積僅 4.2 萬平方公里，人口三千多萬；廣義的「珠江三角洲」則是指「大珠三角」，包括廣東省、香港與澳門。泛珠三角區域，如圖一所示，則包含廣東、福建、江西、湖南、廣西、海南、四川、貴州、雲南九省，以及香港、澳門兩個特別行政區，亦即一般通稱之「9＋2」。

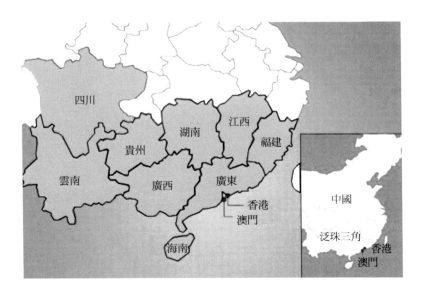

圖一　泛珠三角區域圖

　　「泛珠三角區域合作」是中國迄今最大規模的區域合作，資料顯示（不含港澳），整個泛珠三角區域總面積約 200 萬平方公里，佔全國總面積的 21%，總人口 4.5 億，佔中國全國總人口35%，泛珠三角總產值佔全國近 4 成。

　　對於「泛珠三角」之經濟表現，比較大陸 9 省區與全國之經濟成長率，可發現在 2003 至 2012 年間，泛珠三角之經濟成長率，普遍高於全國平均（表二）。由於泛珠三角所處地理位置，橫跨中國的中、東、西部，縱連接中國與東協。「泛珠三角」區域合作策略，符合大陸中央提出關於「形成東、中、西部經濟互聯互動、優勢互補、協調發展新局面」的戰略部署，有利於大陸與港澳實施更緊密經貿關係的安排（CEPA），以及，加快大陸與東協（10＋3）自由貿易區互動發展的進程，是一個相當具有

表二 泛珠三角（九省區）與中國全國經濟成長率比較

單位：%

地區＼年份	2003	2006	2009	2012
全國	10.0	12.7	9.1	7.8
福建	11.5	14.8	12.3	11.4
江西	13.0	12.3	13.1	11.0
湖南	9.6	12.8	13.7	11.3
廣東	14.8	14.8	9.7	8.2
廣西	10.2	13.6	13.9	11.3
海南	10.6	13.2	11.7	9.1
四川	11.3	13.5	14.5	12.6
貴州	10.1	12.8	11.4	13.6
雲南	8.8	11.6	12.1	13.0

資料來源：中國統計年鑑（2007、2010 年），以及中國統計月報（2013 年 2 月）。

指標性意義的合作方式。可預期中國的「十二五規劃」（2011 至 2015 年），將更重視「泛珠三角區域合作」在國際化方面的發展。

二、泛珠三角區域的發展與戰略目標

2004 年 6 月 3 日「9＋2」省（區）政府在廣州簽署《泛珠三角區域合作框架協議》，協議全文有八條，其中重點有六條如下：第一條合作宗旨：在《內地與香港關於建立更緊密經貿關係的安排》和《內地與澳門關於建立更緊密經貿關係的安排》框架內合作進行；第二條合作原則：自願參與、市場主導、開放公平、優勢互補、互利共贏；第四條合作領域：基礎設施（能源、交通、道路）、產業與投資、商務與貿易、旅遊、農業、勞務、科教文

化、信息化建設、環境保護、衛生防疫；第五條合作機制：建立內地省長、自治區主席和港澳行政首長聯席會議制度、建立港澳相應人員參加的政府秘書長協調制度、建立部門銜接落實制度；第六條論壇安排：各方認為「泛珠三角區域合作與發展論壇」是推動區域合作的重要平台，按照「聯合主辦、輪流承辦」的方式舉辦，該論壇原則上每年舉辦一次。

為了把國際金融危機帶來的不利影響降到最低，並加速推動珠三角發展改革，2009 年 1 月中國國務院通過《珠三角改革發展規劃綱要》，從國家戰略層面認可與肯定泛珠三角區域的合作，並將其納入區域經濟協調發展總體戰略。該綱要的規劃範圍，是以廣東省的廣州、深圳、珠海、佛山、江門、東莞、中山、惠州和肇慶市為主體，輻射泛珠江三角洲區域，並將與港澳 CEPA 緊密合作的相關內容納入規劃，規劃期至 2020 年。

其戰略定位，乃以「深化改革先行區」的概念，形成以珠江三角洲為中心的資源互補、產業關聯、梯度發展的多層次產業圈，建設成為帶動環珠江三角洲和泛珠江三角洲區域發展的龍頭，並推進與港澳 CEPA 緊密合作、融合發展，打造具活力和國際競爭力的城市群。其目標是，到 2020 年率先基本實現現代化，形成以現代服務業和先進製造業為主的產業結構，形成粵港澳三地分工合作、優勢互補、全球最具核心競爭力的大都市圈之一。

於是，大力推進珠江三角洲地區內的交通基礎設施建設，目的是要形成與港澳及環珠江三角洲地區緊密相連的一體化綜合交通運輸體系。同時，加強珠江三角洲民航機場與港澳機場的合作，並推進整合珠江口港口資源，完善廣州、深圳、珠海港的現代化功能，形成與香港港口分工明確、優勢互補、共同發展的珠

江三角洲港口群體，使珠江三角洲地區成為亞太地區高效率的客流和物流中心。重點交通建設之中，港珠澳大橋之建設最令外界矚目。

由於香港、澳門與大陸之間的運輸通道、特別是香港與廣東省珠江三角洲東岸地區的陸路運輸通道建設具明顯進展，但是香港與珠江西岸的交通聯繫卻一直較為薄弱。1997 年亞洲金融危機後，香港特區政府為振興香港經濟，尋找新的經濟增長點，認為有必要儘快建設連接香港、澳門和珠海的跨海陸路通道，以充分發揮香港、澳門的優勢，並於 2002 年首度向中國中央政府提出修建港珠澳大橋的建議。歷經溝通協調，[4] 2009 年 12 月 15 日，港珠澳大橋正式啟動工程，其為連接香港大嶼山、澳門半島和廣東省珠海市之工程，預計於 2016 年竣工。大橋全長接近 50 公里，主體工程全長約 35 公里，包含離岸人工島及海底隧道。

外界預估，港珠澳大橋若建成，將會大幅度地縮減穿越三地的交通時間，未來由香港往來珠海及澳門只需幾十分鐘，較現時繞道虎門大橋可以大幅度地縮減逾 3 小時。屆時香港四大支柱行業（金融業、貿易物流業、工商專業及支援業、旅遊業），將可擴展市場至珠三角西部地區；此區域經濟也會影響廣西、海南、雲南、貴州及四川等省份。預計大橋建成後，對香港和廣東所帶

---

[4] 2003 年 7 月，大陸與香港有關方面共同委託研究機構完成了《香港與珠江西岸交通聯繫研究》，研究結果認為修建港珠澳大橋連通三地具有重大的政治及經濟意義，需要儘早安排建設。2003 年 8 月，大陸國務院批准開展港珠澳大橋專案前期工作，並同意成立由香港特區政府作為召集人，粵港澳三方組成的「港珠澳大橋前期工作協調小組」，2004 年 3 月，港珠澳大橋前期工作協調小組辦公室成立，全面啟動港珠澳大橋各項建設前期工作。2006 年 12 月，經大陸國務院批准，成立由國家發改委牽頭的「港珠澳大橋專責小組」，負責項目前期工作中重大問題的協調。

來的正面效益，包括：方便香港至經營成本較低的珠江西岸投資，亦對香港日益衰退的貨運業帶來商機，以及，可平衡廣東省珠三角東西兩岸之發展。

三、泛珠三角區域合作發展現況

由於 CEPA 也標誌著香港與大陸經濟一體化的正式啟動，2004 年《泛珠三角區域合作框架協議》隨之簽署，經過將近十年的推動，其合作領域已由 10 領域拓展到「質監、海關、警務」等管理面。在《泛珠三角區域合作框架協議》的框架指引下，初步成果如下：

（一）「9+2」創新區域政府的合作模式

「泛珠三角」實現「9+2」區域政府的合作模式，合作方式主要包括：確定「9+2」每年舉行一次「泛珠三角」合作論壇和經貿洽談會；實行「9+2」行政協調機制，以此推進合作的制度化，形成「9+2」首長互訪制度，並逐步簽訂合作項目。利用「泛珠三角區域合作與發展論壇暨經貿洽談會」平台，「泛珠三角」合作使珠江流域的港澳地區，以及大陸的東、中、西部地區形成整合態勢。

為了加速催化「9+2」之無障礙大市場，「9+2」區域政府彼此的對口海關、商務、工商、質監、物價、智慧財產權等部門先後簽署了相關合作協議，各方在區域市場的一體化監管方面漸

形成合作機制。為構建「泛珠三角」一體化物流大管道，「9＋2」試圖構建以粵港澳為中心的「泛珠交通網」[5]。

（二）建立「內外互動」對接東協促進機制

中國首個專門面向東協的國際性展會「中國－東協博覽會」永久落戶於南寧，並於 2005 年 11 月舉辦首屆活動。2006 年起廣西開始參與大湄公河次區域合作組織，成為繼雲南後第二個代表中國參與這一區域合作的省份。「泛珠三角」發展合作以來，不僅推動珠江流域經濟發展，亦成為中國加入 WTO 後，區域經濟加速與世界接軌的示範例子。

2009 年 1 月，中國國務院通過了《珠三角改革發展規劃綱要》，再度從國家戰略層面認可與肯定「泛珠三角」區域的合作，並將其納入區域經濟協調發展總體戰略。自從大陸發佈「十二五規劃綱要」後，廣東省委書記汪洋進一步提出「以南沙為突破口，再造一個新廣州」，並在南沙確立了 128 平方公里的土地作為實施 CEPA「先行先試綜合示範區」[6]。

---

[5] 例如，廣東在實現全省 21 個地級市全部以高速公路接通的階段性目標後，已將今後幾年高速公路建設的主戰場轉至「跨省高速」，至 2006 年底，廣東將與除海南、澳門外所有接壤省區通 1 條以上高速公路，到 2008 年將建成 12 條跨省高速公路。另外，2006 年廣東將新開通十幾條國際航線，加上珠三角城際軌道、武漢、廣州客運專線以及多條跨省鐵路大動脈的陸續開建，粵港正加速崛起成為亞太重要交通中心，「9＋2」一體化趨勢日漸形成。

[6] 並將其定位為：充分發揮粵港澳合作先行先試的政策優勢，大力促進現代服務業和高新技術產業的發展，重點打造港澳先進制度與機制實踐區；粵港澳高端要素流動的平台；齊名港澳的國際化社區。

伍、結語：香港 CEPA 促進與泛珠三角合作之角色

　　回顧探討香港CEPA在促進與中國泛珠三角地區經濟表現之研究文獻，主要包括：林江、鄭曉敏[7]（2003）研究 CEPA 為中國與香港帶來的服務貿易利益，實證結果指出，在 CEPA 框架下，中國（尤其是珠三角地區）和香港皆可實現經濟增長及就業量的增加。林江、夏育松[8]（2004）的進一步研究認為，大陸內地省份的經濟發展水準和距離香港的遠近程度是影響雙邊貿易的兩大重要因素，離香港越遠的省份收益越少。

　　王曉紅[9]（2008）認為，以香港的國際地位，[10]香港對參與中國經濟成長有多方面的貢獻[11]，CEPA 的實施使香港與珠三角地區的產業融合進一步升級，主要特點是加速服務業相互融合[12]，對於解決泛珠三角地區經濟發展的不平衡具有促進協調的重要

---

[7]　林江、鄭曉敏，〈內地和香港加強貿易合作的利益分析〉，《財經研究》，2003 年第 11 期，頁 41-47。

[8]　林江、夏育松，〈CEPA 效應下香港與內地貿易流量的實證分析〉，《廣東社會科學》，2004 年第 6 期，頁 47-52。

[9]　王曉紅（2008），〈香港經濟的國際競爭力及對中國經濟增長的貢獻〉，《當代經濟管理》，2008 年 4 月，第 30 卷第 4 期，頁 1-8。

[10]　香港已形成國際商貿中心、國際金融中心、國際航運航空物流中心的地位。

[11]　主要表現在：（1）為大陸提供優質生產性服務業、（2）擴大大陸國際貿易、（3）擴大大陸利用外資、（4）支援大陸企業走出去、（5）支持大陸金融國際化、（6）帶動泛珠三角地區經濟發展與產業結構升級等方面。

[12]　香港物流運輸、貿易等服務業優勢進一步向珠三角轉移。且香港與泛珠三角地區的經濟融合，帶動了泛珠三角地區的結構升級。

作用。劉建黨、楊貞[13]（2011）採用國際上慣用的貿易引力模型，對泛珠三角各省份與香港進行實證分析，實證結果顯示，泛珠省份與香港之間的貿易流量主要受 GDP、人口、距離和人均 GDP 差值的影響。[14]目前，泛珠省份與香港之間已逐漸形成產業內分工的格局，而以廣東與香港的產業內分工體系最為完善。依據李媛媛、羅超雲[15]（2012）之研究，由於在「一國兩制」的框架下，香港是獨立的關稅區，與其經濟腹地——內地特別是廣東珠三角地區之間，存在著政治、經濟與關稅邊界的阻隔，彼此之間是不同的市場，存在著進入的門檻，因此降低兩地經濟協調的效率，提高了交易成本。

但在 CEPA 與「泛珠」合作之間，同時亦存在「制度框架」與「具體行業（基礎設施建設發展滯後）」的障礙。在制度框架障礙方面，由於香港、澳門與中國內地為三個獨立的關稅區，存在各種關稅與非關稅壁壘；有港幣、澳元、人民幣三種獨立流通的貨幣體系，有三套獨立的司法體系。且香港是高度國際化市場，堪稱是全世界最自由的經濟體系；而中國內地的各省市，係施行轉軌中的計劃經濟，且分別處於東、中、西部地區，實行政策不同，保護主義高，彼此存在開放度和政策的高度差異。因此使得港澳的經濟輻射作用主要限制在珠三角的地理範圍之內，難以輻射到廣東省以外。

---

[13] 劉建黨、楊貞，〈泛珠三角省份與香港貿易流量的引力模型分析〉，《深圳職業技術學院學報》，2011 年第 3 期，頁 49-53。

[14] 從迴歸係數的絕對值來看，人均 GDP ＞人口 ＞距離 ＞GDP，即人均 GDP 影響最大。

[15] 李媛媛、羅超雲，〈「一國兩制」下 CEPA 與「泛珠」合作制度建設探討〉，《對外經貿實務》，2012 年 08 期，頁 39-42。

在基礎設施建設發展方面，除了交通基礎設施的不便，造成珠江口東西岸的經濟落差外；港澳與中國內地同屬一個國家，但通訊網絡並不統一，通話時收取的是昂貴的國際長途話費，因此也在一定程度上限制了商業資訊的流動。因此，未來要推進 CEPA 與「泛珠」合作進一步發展，應從消除整合障礙，在生產要素市場與商品服務市場提高要素流通速度著手。並建立統一指揮平台，協調各地政府的利益，透過在協調機制上落實 CEPA 協議，推進「泛珠」制度之各項建設。

CHAPTER 12

東協與中國的次區域
合作經驗：
大湄公河經濟區

【Author】楊昊

現任　　國立政治大學國際關係研究中心亞洲太平洋研究所助
　　　　理研究員，國立政治大學亞太研究英語碩博士學程助理
　　　　教授。

學經歷　（台灣）中正大學政治學系博士，曾任國立暨南國際大
　　　　學東南亞研究所兼任助理教授、東吳大學政治學系兼任
　　　　助理教授。主要研究領域為國際關係理論、東南亞研
　　　　究、邊境政治、權力與外交政策。

壹、前言

　　中國正在快速地興起中，長期以來，透過宣達與落實「和諧社會」的政治維穩主張，確實已收安內之效。在對內維穩的同時，中國自 1980 年代開始強化睦鄰外交，透過積極經略與周邊國家的互動暨合作關係，試圖打造出良善大國、溫和崛起的新形象。其中，中國與東南亞各國的互動，近二十年來正依循著「化戰場為市場」的政治佈局逐步推進，符合北京自 1980 年代推動改革開放以降的外交轉型路徑。[1]

　　東南亞被視為是中國興起於亞太區域、崛起於全球的重要腹地。對於北京而言，東南亞國家群可以區分為三種類型，分別象徵著不同的國家利益與戰略考量。首先，與中國共享陸疆（如緬甸、寮國與越南）或海界（如越南、菲律賓、印尼等）的東南亞國家，若能確保共享政治疆域的和平及穩定，一來將可大幅降低鄰近國家對於大國的不信任感並且改善雙邊緊張關係，二來亦可促使強權國家減少在國境邊疆的軍事部屬與戰略資源配置，對於崛起強權而言，此一「和平腹地」的重要性不可言喻。

　　其二，尤其針對與中國共享陸疆的東南亞國家來說，比鄰而居代表著兩國境內的基礎建設能有效連接，再加上全球化與區域化兩股力量的交錯深化，基礎建設的「穿國」連結網絡確實有

---

[1] 中國的外交轉型主要有三大路向：其一，以「與鄰為善，以鄰為伴」與「以周邊為首要」的政策方針來重新經略周邊關係；其二，以「平等務實，共同發展」為原則來經略對發展中國家與非洲友邦的政經互動；其三，對於西方國際社會，一改對抗性立場並秉持「參與建設者」與「負責任大國」的原則。請參見：王逸舟，〈導論〉，《中國對外關係轉型 30 年：1978-2008》（北京：社會科學文獻出版社，2008），頁 3-8。

助於打造雙方國境之外的發展網絡與腹地。此種「經貿腹地」所形成的新型態區域主義之發展、擴大與整合，是中國與東南亞發展中國家互謀其利的重要基礎。

最後，對於既不與中國共享陸疆、又不與其鄰接海域的其他東南亞國家來說，由華人社會所打造的經貿暨商業網絡以及社會親近性（如泰國、馬來西亞與新加坡）、或者是本身所蘊含的天然資源與土地（如柬埔寨）均成為有利於中國實踐走出去戰略、佈局鄰近區域的重要考量。這種對東南亞區域內「資源腹地」的爭取與深耕，成為北京經略東南亞相關國家的重點佈局。

由上述互動模式與利益考量來看，中國與東南亞關係的發展絕對不僅止於中國與東南亞國協（Association of Southeast Asian Nations, ASEAN）之間不斷深化的強權與區域組織之伙伴關係。本文認為，快速興起的強權脫離不了穩定的周邊區域，一方面，強權國家需要藉此作為發展腹地並向外擴展影響力；另一方面，身處強權周圍的鄰邦更需要外來資源的挹注與支持，以滿足個別發展所需，這些資源與支持，多半來自區域的權力政治核心，也就是相對國力佔有優勢的強權國家。[2]強權為了要促進其與周邊關係的和諧發展，除了消極降低各種可能發生的潛在衝突，更將積極主動提供各種誘因，建立多元途徑的合作機制；對於中國與東南亞關係來說，「以經促政」是長期以來的戰略操作，透過對相關國家在經貿利益上的提供，轉換成在政治上的支持。

---

[2] 楊昊，〈中國—東協關係的和諧與矛盾：擴散性互惠與擴散性脆弱的評估〉，發表於《2009-2011 亞太和平觀察》（臺北：中央研究院亞太區域研究專題中心，2012 年 12 月）。

當前的中國對東南亞戰略至少包含了四種同時進行、相輔相承的整體戰略，這四種戰略可依分析單位的差異，進一步區分為四種不同的政策脈絡，分別是：強權與區域組織關係（中國與東協組織／區域關係）、強權與周邊國家關係（中國與東協國家／雙邊關係）、強權與次區域關係（中國與大湄公河流域／次區域關係）以及地方與地方關係（雲南及廣西與部份東協國家）。這四種關係具體呈現出中國對東南亞戰略的四個面向，分別置於區域主義（regionalism）、雙邊主義（bilateralism）、次區域主義（sub-regionalism）以及地方主義（localism）的政策脈絡中。

　　此一戰略四重奏係以區域合作為框架，逐步形塑中國與東南亞國家的雙邊關係及共同利益。更重要的是，中國透過強調對東南亞次區域經貿暨發展計畫的戰略支持，有系統地納入地方行為者的參與能量與領銜角色。很明顯地，北京藉由外交戰略與國內發展戰略的有機整合，有系統地連結中國與東南亞區域與次區域發展的共同利益，中國南方各省因為地理鄰近性與社會親近性所參與並啟動的各種合作計畫，也間接帶動了中國西南區域的整體發展。

　　中國與東南亞關係的發展不僅是睦鄰利他外交政策的展示，更具有利己發展的戰略意涵。有鑑於此，本文將以中國與東南亞關係的近期發展為主軸，陸續探討驅動當前中國與東南亞區域合作的戰略四重奏；在實際合作經驗上，本文以大湄公河經濟區為研究關注，分析中國如何佈局中南半島東協國家，並強化其在大湄公河流域乃至於東協區域內的全方位影響力。

貳、戰略四重奏之一：中國與東協的區域主義政策脈絡

早在 1996 年 7 月，中國於印尼雅加達舉行的第 29 屆東協外長會議中正式成為東協的全面對話伙伴國。隨後在 2002 年，雙方進一步簽署了《全面經濟合作架構協議》，為後續的經貿合作奠下重要基礎。到了 2003 年，中國與東協簽署了《東南亞友好合作條約》，中國成為第一個簽署該條約的東協對話伙伴國，這也使得雙方的伙伴關係得以提升到「和平與繁榮的戰略伙伴關係」的層級。從 2005 年開始，此一和平與繁榮的戰略伙伴關係開始依循雙方所擬定的兩階段行動計畫陸續推動，逐步落實到東協共同體建成之際。

在過去二十年間，中國與東協合作的最關鍵成就即「中國-東協自由貿易區」。此一自由貿易區在 2010 年 1 月 1 日正式建成後，不僅逐年降低進出口貿易之關稅，更促成投資、生產、人力資源、到基礎建設等領域的合作計畫，大幅拉近了強權與區域組織/整體的共生合作關係。儘管此一自由貿易區建成之際，仍有東南亞國家（特別是印尼）憂慮本國尚未準備好市場開放與相關配套機制的規劃，這也使得低價的中國產品將會衝擊國內市場。[3]

不過，到了 2013 年的今天，類似的疑慮並沒有挑戰或瓦解中國與東協關係中的經貿發展主旋律。事實上，當中國與東協雙

---

[3] Sutayasa, "ACFTA: It Certainly Sounds Better Without the 'C'," Hey Diaspora! – For Misplaced and Displaced Indonesians, 2010, <http://heydiaspora.com/acfta-it-certainly-sounds-better-without-the-c-doesnt-it/>.

方剛開始啟動正式對話關係時（1991年），雙邊貿易總額僅有79億美元；到2012年，此一貿易量大幅成長到超過4,000億美元的規模。經貿與投資數據的持續攀升趨勢，成為強權與周邊區域互謀其利、相互支持的最佳證據。

不可否認地，經濟因素的確是促進中國與東協關係的關鍵因素，儘管近年來中國與若干東協國家因為南海主權爭端而陷入緊張情勢，影響中國與東協區域主義的發展，甚至導致中國內部開始出現「以經促政」的聲浪，[4]在東南亞區域內亦開始對中國趨緩的成長步調可能對東協經濟發展產生的「蝴蝶效應」感到憂慮。[5]不過，對於中國來說，以經貿為主軸所打造出的中國與東協區域合作框架，在短期內並不會改變，對於東南亞國家來說，區域整合與發展依舊需要穩定的成長引擎。

2013年在曼谷舉行的中國－東協高層會議成為中國與相關國家恢復互信、找尋新的合作動力的場域。中國外交部長王毅在會中提醒東協各國，必須要認知到中國與東協之間的合作基礎脫離不了維護區域和平與穩定的目標。雙方的共識，是透過合作來落實共同發展，這種合作經驗也就是外界所認為的「亞洲模式」（Asian model）與「東協模式」（ASEAN model），透過協商與對話來化解衝突與分歧。他更強調，當中國持續發展，包括貿易、對外投資、出境旅遊的規模不斷擴大，東協必然會從中獲益。[6]

4　高程，〈中國需重估「以經促政」的周邊外交〉，《金融時報中文網》，2013年8月7日，<http://big5.ftchinese.com/story/001051850/?print=y>。

5　Gareth Lewis, "The Butterfly Effect," Website of Southeast Asia Globe Magazine, June 11, 2013, <http://sea-globe.com/china-asean-economy/>

6　常天童，高健鈞，〈王毅談中國──東盟關係發展的三個「最重要」〉，《新華網》，2013年8月2日，<http://big5.xinhuanet.com/gate/big5/news.xinhuanet.com/world/2013-08/02/ c_116793947. htm>。

很明顯地，北京已經警覺到區域情勢的微妙變化，未來勢必將結合更靈活的政治外交佈局，一方面管控南海爭端的負面衝擊，另一方面持續深化中國與東南亞關係的進展，並確保其作為睦鄰外交的重要範本。

參、戰略四重奏之二：中國與東協國家的雙邊主義政策脈絡

中國對東南亞戰略的第二個政策脈絡是雙邊主義的蓬勃發展。事實上，中國與東南亞國家的雙邊關係，一方面延續著中國－東協區域主義框架的經貿主軸，另一方面從實際推動的雙邊合作計畫中，亦可反映出北京對東南亞個別國家所設定的多元戰略利益。

2010 年建成的中國－東協自由貿易區，加速了中國與東協個別國家的雙邊貿易額。就核心東協成員國（ASEAN-6）為例，根據統計，中國與馬來西亞在 2010 年的雙邊貿易額為 742 億美元，到了 2012 年則增加到 948 億美元，成長了 27.7%。中國與泰國在 2010 年的雙邊貿易額為 529 億美元，到了 2012 年增加到 697 億美元，成長了 31.7%。中國與新加坡在 2010 年的雙邊貿易額為 571 億美元，到了 2012 年增加為 692 億美元，成長了 21.1%。值得注意的是，中國與印尼在 2010 年的雙邊貿易額為 427 億美元，到了 2012 年更大幅成長 55%，達到 662 億美元。

與中國在南海爭端上僵持不下的菲律賓，在 2010 年的雙邊貿易額仍有 277 億美元的規模，到了 2012 年亦成長到 363 億美元，增加了近 31%。最後，中國與現任東協輪值主席國汶萊在 2010 年的雙邊貿易額為 10 億美元，到了 2012 年亦成長至 16 億美元，增加了 60%。

相較之下，中國對於東協後進國家群（柬埔寨、寮國、緬甸與越南等國，簡稱 CLMV）的經略更是不遺餘力。譬如，中國與越南在 2010 年的雙邊貿易額為 300 億美元，到了 2012 年則增加到 410 億美元，成長了 36.6%。長期被視為是親中陣營的寮國、柬埔寨與緬甸，同樣享有對中貿易的大幅成長。如中國與柬埔寨在 2010 年的雙邊貿易額為 11 億美元，到了 2012 年，雙邊貿易額增加到 29 億美元，成長了 163.6%。中國與寮國在 2010 年的雙邊貿易額為 10 億美元，到了 2012 年亦增加到 17 億美元，成長了 70%。中國與緬甸在 2010 年的雙邊貿易額為 44 億美元，到了 2012 年則增加到 69 億美元，成長了 56.8%。

除了持續增長的經貿數據，中國對於東協個別國家亦設定不同的經略作法。譬如，針對經濟條件相對先進的馬來西亞與新加坡，北京積極探索各種合作機會，包括擴展能源、基礎建設與科技暨產業園區的大型合作計畫。相較之下，特別是針對中南半島大湄公河流域的寮國、柬埔寨，其與中國的雙邊關係則呈現出另一種截然不同的圖象。以寮國為例，北京長期以來透過開發援助計畫支持寮國的發展，其影響力早已深入寮國社會，如寮國市中心的凱旋門公園、寮國國家文化廳等具有象徵意義的建築，多半係由中國所支持建設。近年來，寮國政府積極爭取中國對寮援助與投資，特別是在農業、土地開發等方面。直到 2013 年為止，中國已經在寮國投資了以礦業、農業、電力與服務業為主的 739

個計畫,總計超過 51 億美元。寮國更希望能擴展國內在農業、水產加工業、服務業、醫院、觀光、教育與物流業的投資。除此之外,包括各種關鍵基礎建設(critical infrastructure)亦由中國所援助,譬如,由永珍通往中國邊境並直達北京的鐵路工程便是當前最重要的合作計畫。[7]

除了寮國,中國與柬埔寨的關係亦呈現出類似的依附政治型態。中國在柬埔寨的發電廠、道路與橋樑、基礎建設方面投入大規模資金,深受柬國政府的重視。值得關切的是,柬國華人社會所具有的高度政經影響力,更成為北京積極接觸並搭建友好關係網絡的重點,重要的僑領在地方經濟事務上的經營,如購置房地產、重要天然氣、煉油產業等,成為中國佈局柬國的友好網絡。[8]近年來,中國對於柬埔寨與寮國持續強化的經貿援助與政治支持,使得雙邊關係始終密切,甚至在外交政策上呈現明顯親中的態勢。

從以上分析中可以發現,中國對於東南亞個別國家的合作戰略與作為多有不同,會因國家的政經條件差異與中國對該國設定的需求而提供不同誘因,在此一雙邊關係的政策脈絡下,中國的東南亞戰略逐漸有多樣化、細膩化的操作趨勢。

---

[7] 寮國永珍田野調查訪談資料,2013 年 7 月。
[8] 柬埔寨金邊田野調查訪談資料,2012 年 12 月。

肆、戰略四重奏之三：中國與中南半島的次區域主義政策脈絡

　　中國對東南亞戰略的第三個政策脈絡與當前最受矚目的次區域發展密切相關。在東亞區域的發展經驗裡，所謂的「次區域經濟發展計畫」在地理範圍上並不侷限於特定國家的國內範疇，目前國際間出現許多次區域合作計畫是以跨國型態進行，亦不乏橫跨兩國、三國領土的次區域開發區（請參見圖一）。此種開發計畫看似以經濟發展為目的，但實際上卻不限於經貿方面的合作，舉凡投資開發、人力資源管理、基礎建設的延伸、環境問題的共管等均含納在相關計畫當中。由於次區域合作倡議較為彈性，容易先行，這也使得中國在近幾年始終著眼於強化對東南亞次區域的合作，進而深化與東協及東協國家的發展，而當前最受矚目的次區域發展計畫即由大湄公河流域向外延伸的經濟走廊。

　　當 2010 年中國與東協自由貿易區建成後，中國與東協國家開始思索雙方關係的未來發展路徑，利用現有的自由貿易區來加強區域合作的整體能量，最後在該年舉行的第十三屆中國－東協高峰會中，確立了 2011 年至 2015 年的行動計畫。這份計畫除了揭示雙方欲升級現有伙伴關係的企圖與十一項優先領域，更重要的是，其中點出大湄公河經濟區的開發計畫將成為中國與東協合作的重點區域。大湄公河作為連結中國西南各省與中南半島東協國家的次區域，其影響力以及在中國對東協政策中的戰略優先性正逐日增加。

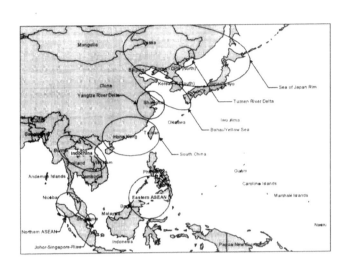

圖 1　東亞地區的次區域計畫

資料來源：Dajin Peng, "Subregional Economic Zone and Integration in East Asia," *Political Science Quarterly*, Vol. 117, No. 4 (2002/03), p. 614.

　　大湄公河流域極其廣博，含納了柬埔寨、寮國、緬甸、泰國、越南等東協國家以及中國雲南省。無論是對於中國西南各省或者是相關東協國家而言，湄公河流域天然資源的開發與在地基礎建設的推動，長期以來被視為是維繫區域繁榮的關鍵所在。為了提升區域國家的經濟成長與總體發展，在 1950 年代之後，大湄公河流域逐步開展了一系列的次區域合作計畫，其中，尤以亞洲開發銀行於 1992 年所啟動的大湄公河次區域合作（Greater Mekong Subregion, GMS）計畫深受重視（參見圖 2）。

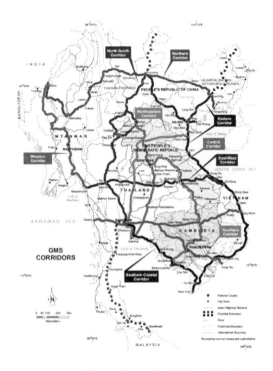

圖 2　大湄公河經濟區交通與經濟走廊示意圖

資料來源：ADB, "ADB's GMS Economic Cooperation Program," Website of
　　　　　Thailand Board of Investment, July 2008, <http://www.boi.go.th/tir/
　　　　　issue/200807_18_7/58.htm>.

　　此一計畫受到亞洲開發銀行與其他援助國的支持，使得各項
次區域開發合作案得以順利推動，其中包括超過 100 億美元的基
礎建設投資案。[9]大湄公河經濟區在 1995 年確立了 7 項合作領
域，包括了交通、能源、環保、人力資源、經貿、投資以及通訊

---

[9]　Asian Development Bank, "GMS Overview," ADB Website, August 2013,
　　<http://www.adb.org/ countries/gms/overview>.

合作。隨後在 2001 年，由與會的經濟部長會議再次匯聚共識，規劃出次區域發展的五項戰略重點，分別是：基礎建設的連結、跨境貿易與投資的強化、促進私部門參與、厚植人力資源與技術、以及強化環保與自然資源等。這五項戰略重點構成了大湄公河經濟區第一份未來十年戰略的主要架構，而落實此一架構的具體作為，即是藉著縱向與橫向交通走廊的密集搭建，擴大發展成棋盤式的經濟走廊。

在此次區域經濟區中，透過國家與國家、城市與城市、地方與地方的基礎建設連結網絡，將有助於擴大各國市場與腹地，並且帶動投資與貿易的發展，促進人力資源與能源資源的流通。根據亞洲開發銀行的統計，從 1992 年啟動大湄公河經濟區合作迄今，相關國家的經濟條件均大幅成長，特別是在國內人均所得以及社會貧窮情況方面均獲得改善。以緬甸與泰國的人均所得為例，早在 1992 年，兩國的人均所得分別是 63 美元與 1,894 美元，在歷經大湄公河次區域開發計畫的十年進展後，兩國的人均所得大幅成長到 832 美元與 5,394 美元。在冷戰結束之際，大多數東南亞國家均面臨到社會貧窮的困境，國內有超過 50%的人民過著遠低於貧窮線以下的生活，然而，經過十年的時間，大湄公河流域國家隨著經濟成長的快速發展改善了國內社會貧窮的程度。舉例而言，柬埔寨由原有的 45%下降到 23%、寮國由 56%降低到34%，而越南則由 64%降到 17%。[10]這些經濟條件的改善，多半歸功於次區域發展計畫的成功推動。

---

[10]　Asian Development Bank, *The Greater Mekong Subregion at 20: Progress and Prospects* (Philippines: Asian Development Bank, 2012), p.1.

在 2010 年 12 月，大湄公河流域國家為了繼續深化現有的合作基礎，在緬甸舉行的第四屆高峰會中通過了《大湄公河次區域經濟合作新十年（2012-2022）戰略框架》。此一戰略框架在內容上乃依據第一份戰略框架的精神，強調區域整合進程、完善基礎設施連結、重視自然與社會因素的永續發展等三大目標，並且具體提出八大優先合作領域，分別是：建構經濟走廊、交通基礎建設的強化、能源合作的加強、通訊網絡的完備、單一旅遊目的地的建構、永續農業、環境合作、以及人力資源的擴展等。[11]這份新的十年戰略框架可以被視為是當前大湄公河經濟區啟動新型態合作的重要路徑圖。

當大湄公河經濟區有了明確的路徑圖，中國對於相關領域的參與開始有了更明確的政策方向。中國總理溫家寶在 2008 年參與大湄公河次區域高峰會時曾明確表示中國將積極參與大湄公河經濟區，並且將協助擴展各個領域的合作計畫，以落實中國與東協「雙贏」的目標。[12]中國曾在 2008 年與 2011 年分別發佈了兩次《中國參與大湄公河次區域經濟合作國家報告》，作為中國參與此一次區域合作的戰略藍圖與架構。特別是在 2011 年第四次 GMS 高峰會前夕，中國由國家發改委、外交部、財政部、科學技術部共同發佈的《中國參與大湄公河次區域經濟合作國家報告》，更受到流域國家的重視。

---

[11]　Asian Development Bank, The Greater Mekong Subregion at 20: Progress and Prospects, pp.12-13.

[12]　Lim Tin Seng, "China's Active Role in Greater Mekong Sub-region: A 'Win-Win' Outcome?" *EAI Background Brief*, No. 397, 6 August 2008, <http://www.eai. nus.edu.sg/BB397.pdf>.

此份報告預示中國將在未來十年內著手推動下列九項戰略：（1）全面在公路、鐵路等運輸網絡及基礎建設上強化與區域國家的合作；（2）透過比較優勢來發展電力貿易，同時建立起統一的電力市場；（3）強化與區域國家的農村地區的通信網絡工程；（4）在農業合作上擴展至糧食安全、跨境農業貿易、以及生質能源的合作；（5）確保環境安全與有效執法，並且加強與環境相關的貿易與投資能力；（6）以廣西與雲南作為基地，培訓區域人力資源；（7）推動檢疫、疾病控制等衛生合作；（8）配合基礎建設交通網，推動地方生態旅遊網絡的跨國化；（9）在經貿與投資方面，將交通走廊正式轉化為經濟走廊以支持大湄公河次區域發展。[13]

　　這些次區域層級的參與規劃並非空穴來風，亦非一蹴可及，多半還是立基在中國對大湄公河流域國家雙邊關係既有合作基礎上，並逐步擴大影響力所形成。譬如，中國與柬埔寨共同建立西哈努克經濟特區（Sihanoukville Special Economic Zone）、與泰國共同建立羅永工業園（Rayong Industrial Park）、以及與越南共同設立龍江工業園（Longjiang Industrial Park）等，均可被是為是北京藉著「點－線－面」（經濟特區－交通走廊與經濟走廊－次區域經濟區）逐步推進的佈局戰略。這是一種先與流域國家籌設經濟特區，再結合次區域交通走廊進而轉化成經濟走廊，藉此擴展中國在次區域的影響力之重要舉措。

　　北京在外交戰略上以支援及參與的角色，正面回應了東協本身在 2010 年所提出的東協整體連結計畫（ASEAN Connectivity），

---

[13] 中華人民共和國外交部，〈中國參與大湄公河次區域經濟合作國家報告〉，《中華人民共和國外交部網站》，2011 年，<http://www.fmprc.gov.cn/mfa_chn/ziliao_611306/tytj_611312/ zcwj_611316/t419061.shtml>。

並且透過公開宣示將持續深耕大湄公河經濟區的交通運輸、電力與能源、資訊與通訊、農業、環境、人力資源、衛生、觀光、貿易與投資、毒品與替代種植、以及科技等重點領域，[14]以議題領域來貫穿、彙整對不同流域國家的分殊化經略策略。

伍、戰略四重奏之四：次區域主義與地方主義的有機整合

　　對於東南亞國家來說，透過大湄公河經濟區與其他次區域發展計畫的醞釀，由直接與其接壤的中國南方各省所形成綿密的利害關係網絡，更能確保地方利益並帶動地方經濟的快速發展。就此，地方行為者將在中國對外關係上扮演更重要的角色，[15]而南方各省所出台的各種發展計畫與大戰略，對於東協國家的意義更不下於北京的總體規劃。事實上，由於中國的幅員太過廣博，處於強權羽翼邊緣的跨國互動關係，在某種程度上，更容易展現出中國南方各省在北京的南向大戰略格局下的各自的想像與期待。

---

[14] China Daily, "Country Report on China's Participation in Greater Mekong Subregion Cooperation," China Daily, December 16, 2011, <http://usa.chinadaily.com.cn/china/ 2011-12/16/content_ 14279772.htm>.

[15] Chen Zhimin, Jian Junbo, Chen Diyu, "The Provinces and China's Multi-Layered Diplomacy: The Cases of GMS and Africa," *the Hague Journal of Diplomacy*, Vol. 5, No. 4 (2010), pp.331-356.

在中國與東協國家所共同重視的大湄公河經濟區發展過程中，來自於中國西南各省的實質參與顯得格外重要。特別是雲南，由於雲南早在 1984 年即開放邊境貿易，其所面對的通商城市就是大湄公河流域的國家邊區，雲南就此成為中國經略東南亞鄰邦的重要門戶。無論是北京或者是亞洲開發銀行，都將雲南視為是中國參與大湄公河經濟區的主要省分，同時也是核心的行為者。北京深知雲南在經略與參與中南半島事務的重要性，更積極強化雲南在經略大湄公河經濟區的戰略位置。2013 年 5 月，中國國務院召開了「中國與南亞經貿合作暨首屆中國－南亞博覽會」新聞發布會，預告由南亞國家商品展轉型並升級的中國－南亞博覽會將於今年 6 月在昆明舉行。此一系列博覽會是在 2012 年由中國國務院批准，是繼廣西南寧舉辦的中國－東協博覽會系列後，另一個面向東南亞並延伸到南亞的重要經貿招商平台。

　　在北京的支持下，雲南無論是在參與次區域的制度設計、扮演基礎建設網絡的核心、或者是擴展經貿合作的能量等三個方面，均累積了許多的成果。首先，雲南在大湄公河經濟區的參與方面搭建了相當多元的制度平台。值得注意的是，雲南不但積極參與 GMS，更是黃金四角等次區域合作計畫的重要成員。除此之外，雲南更啟動了以地方為主體的參與機制，其中包括了雲南－泰北合作工作組、雲南－越南五省市經濟協商會議合作機制、雲南－寮國北部工作組、滇－緬合作商務論壇等。相關雙邊與多邊機制的建立與連結，延續了強權羽翼深入周邊區域社會的影響網絡。

　　再者，由雲南所向外輻射的基礎建設成為中國連結中南半島的重要網絡，特別是昆－曼公路、昆－仰公路、昆－海公路的改善與強化，將昆明打造成中國大西南區域的重要運輸與交通軸

心，由昆明通往寮國與越南的國際道路（包括客貨運輸路線）已經擴展達 16 條。更重要的是，北京透過雲南發展對緬甸的公路與鐵路建設，也再次提升雲南的重要性，同時亦有效拉近中－緬關係。隨著交通走廊的逐步落實，此一期盤式的網絡將有助於中南半島經濟走廊的發展。

其三，在經貿方面，雲南的邊境貿易早在 1980 年代即與緬甸、寮國與越南建立重要的貿易關係，其中，緬甸是雲南最大的貿易伙伴，越南與雲南的經貿成長幅度近年來逐漸加快，而泰國與雲南的貿易互補性（泰國農業原物料與雲南的機電產品）更受到雲南與北京的高度重視。另外，在 2013 年 6 月舉辦的中國－南亞博覽會也將成為納入大湄公河經濟區招商與投資合作的重要平台，強化雲南在次區域開發與經濟合作的參與。除了傳統的經貿與投資議題，值得注意的是，雲南投資境外水電的發展計畫正逐漸受到重視，其中，亦包含「雲電外送」的安排。所謂的「雲電外送」係由雲南電網公司與寮國合作，承接寮國國內的變電基礎建設工程，並將電力賣往寮國，[16]透過能源網絡的建立，雲南將成為經略大湄公河經濟區能源資源的重要核心。[17]

除了雲南，主導泛北部灣次區域經濟合作的廣西，近年來也積極參與大湄公河經濟區的開發計畫，甚至在 2004 年溫家寶提出大湄公河區域應該擴展成「5+2」（五國加上雲南與廣西），隨後在 2005 年廣西即正式加入此一次區域開發計畫。同樣地，廣

---

[16] 中國—東盟中心，〈雲南電網合作之東盟戰略：電力貿易成新增長點〉，《中國—東盟中心網站》，2013 年 2 月 20 日，<http://big5.xinhuanet.com/gate/big5/www.asean-china-center.org/ 2013-02/20/c_132180935.htm>。

[17] 雲電外送計畫的執行引起不少討論，請參見：中國能源報，〈「雲電外送」博弈真相〉，《新華網》，2013 年 7 月 20 日，<http://big5.xinhuanet.com/gate/big5/news.xinhuanet.com/energy/2013-07/20/c_125029552.htm>。

西亦希望從交通走廊與經濟走廊的領域參與開發計畫，在既有的泛北部灣規劃基礎上，與雲南的經略戰略進行整合與協作，特別是將利用每年於南寧舉行東協博覽會招商計畫，積極佈局大湄公河流域。

　　整體而言，位於中國南方緊鄰中南半島的的雲南與廣西，因地利之便，在強權南向戰略的前沿活躍地發展各項開發計畫，形成一種相互競爭東南亞資源、但卻又相互協助的地方戰略。首先，以雲南為例，雲南與東協國家的貿易額，從 2004 年的 12.7 億美元擴大到 2009 年的 30 億美元，幾乎以兩倍的速度成長。根據雲南省商務廳的統計，2010 年雲南對於東協國家的投資額達到其境外投資的近 80%之多，其中以能源（特別是在水電投資項目上投資了 2.2 億美元）、礦產方面（以昆明鋼鐵、雲南中寮礦業等為主力，已投資超過 6,500 萬美元）為主，雲南的企業與廠商積極地投資東協國家，並在越南、寮國與緬甸設置新據點。到了 2012 年間，雲南與東協的貿易額大幅成長到 60 億美元，其中雲南運用特有的水電資源發展走出去電力外交，在 2012 年對東協的越南與寮國的電力貿易即出口了超過十餘億美元之多，因而發展出新的經略東協作為。

　　相較之下，廣西在 2003 年與東協的貿易額僅有 8.26 億美元，到了 2009 年則大幅成長到近 50 億美元之多，東協因而成為廣西最重要的貿易伙伴。根據南寧海關的統計，在 2012 年，廣西與東協的雙邊貿易額大幅成長到 120.5 億美元，為 2009 年中國國務院批准並執行「廣西北部灣經濟區發展規劃」一年後雙邊貿易額的 2.4 倍；其中，廣西出口東協 93.4 億美元，自東協進口 27.1 億美元，享有高度的貿易順差，而這也強化了廣西本身的經濟發展程度。

廣西與雲南對於大湄公河次區域經濟合作的支持，展現在基礎建設、交通走廊與經濟走廊的開發上。這種投入基礎建設的參與計畫，正是搭建區域經貿整合的腹地，同時亦藉由協助東協後進國家發展基礎建設，逐步提升相關國家對中國的依賴程度。當地方主義與次區域主義逐步融入大湄公河經濟區的共同開發過程中，不難發現北京藉由外交戰略與國內發展戰略的有機整合，有系統地連結中國與東南亞區域與次區域發展的共同利益，而中國南方各省因為地理鄰近性與社會親近性所參與並啟動的各種合作計畫，也間接帶動了中國西南區域的整體發展。

陸、結語

　　猶記在 2010 年 12 月，英國《經濟學人》（*The Economist*）雜誌的封面主題刊載了「崛起中國的危險」，並且以長達十四頁的專題報導來探討中國崛起的政治現實與危機。[18]由崛起中國所形塑出的新國際結構，特別是對於那些在生產、貿易與財富上依賴北京、但卻在政治、安全與軍事上仍得仰仗華盛頓的亞洲國家來說，朝崛起中國調適（accommodating China's rise）與調適中國（accommodating China）之間的政策選擇與論辯，都將更形複雜。

---

[18] "Friend or Foe? A Special Report on China's Place in the World," *The Economist* Vol. 397, No. 8711 (December 4th 2010), pp. 3-16.

大湄公河經濟區的發展恰好展現出區域國家在朝中國調適與調適興起中國的戰略回應。中國希望將東南亞打造成和平腹地、經貿腹地與資源腹地，並且轉換成支持強權興起的重要力量。而同時經歷國家建構與區域建構的東南亞國家也正快速崛起，同時也需要強而有利的發展引擎帶動成長。未來中國勢必將更強化區域主義、雙邊主義、次區域主義與地方主義戰略四重奏的有機整合，從中央到地方，同時藉著不同的管道與機制經略東南亞。

　　在區域主義的政策脈絡中，中國與東協的雙邊貿易額預期將在 2015 年突破 5,000 億美元，進而帶動周邊更多元、規模更大的投資計畫。以經貿為主軸的發展戰略依舊是主旋律，儘管在雙邊關係方面，各種「以經促政」的戰略主軸面臨到若干挑戰，但北京仍深信在現有的經貿合作基礎上恢復互信並非難事。換言之，未來中國必然將會在經貿合作上帶入更多的「政治加溫」，形成北京積極深耕東協各國政府與社會的重點項目。

　　最後，以中南半島及大湄公河流域為主的次區域發展計畫，的確是連結中國與東協新市場的重要網絡。在 2012 年，當中國對外貿易額年增率達到 6.2%之際，中國與大湄公河流域國家的貿易額則是大幅成長的 18%，這似乎也說明了妥善經營此一次區域將能持續維穩中國崛起的步伐。

　　從中國國務院對於雲南舉辦中國－南亞博覽會的高度支持中，可以觀察到北京為了投入更多的資源並且展現政治決心，必然將會大力促成地方主義與地方政府對於中國與東南亞關係的實質參與，形塑出由下而上回應、加強中國－東協整體關係發展路徑的整合戰略。正當廣西、雲南與鄰近的廣東積極佈局東協之際，中國的其他各省也開始發展各自的東協佈局，其中包括了貴

州、重慶、浙江、雲南、四川、上海、山東、湖北等，陸續啟動所謂的東協戰略，相關行為者看似正面回應北京的外交戰略，更重要的其實是提早進行境外佈局，規劃利己的戰略安排。

整體而言，未來的中國－東南亞關係的發展將超溢強權與國際組織的協作暨互動關係，藉著次區域發展計畫的調適與強化，納入多元行為者並且快速形塑出複雜的利益關係，從而加速東南亞國家向中國調適的腳步。

參考文獻

一、中文部份

中國能源報，2013。〈「雲電外送」博弈真相〉，《新華網》。<http://big5. xinhuanet.com/gate/big5/news.xinhuanet.com/energy/2013-07/20/c_12 5029552.htm>。

中華人民共和國外交部，2011。〈中國參與大湄公河次區域經濟合作國家報告〉，《中華人民共和國外交部網站》。<http://www.fmprc.gov.cn/ mfa_chn/ziliao_611306/tytj_611312/zcwj_611316/t419061.shtml>。

王逸舟，2008。〈導論〉，《中國對外關係轉型 30 年：1978-2008》。北京：社會科學文獻出版社。

高程，2013。〈中國需重估「以經促政」的周邊外交〉，《金融時報中文網》。<http://big5.ftchinese.com/story/001051850/?print=y>。

常天童，高健鈞，2013。《王毅談中國－東盟關係發展的三個「最重要」》，《新華網》。<http://big5.xinhuanet.com/gate/big5/news.xinhuanet. com/world/2013-08/02/c_116793947. htm>。

楊昊，2012。〈中國－東協關係的和諧與矛盾：擴散性互惠與擴散性脆弱的評估〉，《2009-2011 亞太和平觀察》研討會。臺北：中央研究院亞太區域研究專題中心。

二、英文部份

"Friend or Foe? A Special Report on China's Place in the World," *The Economist* Vol. 397, No. 8711 (December 4th 2010), pp. 3-16.

ASEAN, 2013. "ASEAN-China Dialogue Relations," Website of Association of Southeast Asian Nations, <http://www.asean.org/asean/external-relations/china/item/asean-china-dialogue-relations>.

Asian Development Bank, 2008. "ADB's GMS Economic Cooperation Program," Website of Thailand Board of Investment, <http://www.boi.go.th/tir/issue/200807_18_7/58.htm>.

Asian Development Bank, 2012. *The Greater Mekong Subregion at 20: Progress and Prospects*. Philippines: Asian Development Bank.

Asian Development Bank, 2013. "GMS Overview," ADB Website, <http://www.adb.org/countries/gms/overview>.

Chen, Zhimin, Jian Junbo, Chen Diyu, 2010. "The Provinces and China's Multi-Layered Diplomacy: The Cases of GMS and Africa," *the Hague Journal of Diplomacy*, Vol. 5, No. 4, pp.331-356.

China Daily, 2013. "China to Strengthen Cooperation with GMS," China.org.cn, <http://www.china.org.cn/business/2013-06/11/content_29096523.htm>.

Lewis, Gareth Lewis, 2013. "The Butterfly Effect," Website of Southeast Asia Globe Magazine, <http://sea-globe.com/china-asean-economy/>.

Lim, Tin Seng, 2008. "China's Active Role in Greater Mekong Sub-region: A 'Win-Win' Outcome?" *EAI Background Brief*, No. 397, <http://www.eai.nus.edu.sg/BB397.pdf>.

Sutayasa, 2010. "ACFTA: It Certainly Sounds Better Without the 'C'," Hey Diaspora! – For Misplaced and Displaced Indonesians, <http://heydiaspora.com/acfta-it-certainly-sounds-better-without-the-c- doesnt-it/>.

Do觀點02　PF0134

打破悶經濟
——新區域主義的動力學

作　　者／林佳龍等
責任編輯／鄭伊庭
圖文排版／楊家齊
封面設計／陳佩蓉

出版策劃／獨立作家
發 行 人／宋政坤
法律顧問／毛國樑　律師
製作發行／秀威資訊科技股份有限公司
　　　　　地址：114 台北市內湖區瑞光路76巷65號1樓
　　　　　電話：+886-2-2796-3638　傳真：+886-2-2796-1377
　　　　　服務信箱：service@showwe.com.tw
展售門市／國家書店【松江門市】
　　　　　地址：104 台北市中山區松江路209號1樓
　　　　　電話：+886-2-2518-0207　傳真：+886-2-2518-0778
網路訂購／秀威網路書店：https://store.showwe.tw
　　　　　國家網路書店：https://www.govbooks.com.tw

出版日期／2013年10月　BOD一版　定價／300元

|獨立|作家|
Independent Author

寫自己的故事，唱自己的歌

打破悶經濟：新區域主義的動力學 / 林佳龍等著. -- 一版.
-- 臺北市：獨立作家, 2013.10
　面；　公分. -- (Do觀點；PF0134)
BOD版
ISBN 978-986-89946-6-9(平裝)

1. 區域經濟　2. 經濟發展　3. 經濟合作

552.3   102019448

國家圖書館出版品預行編目

讀者回函卡

感謝您購買本書，為提升服務品質，請填妥以下資料，將讀者回函卡直接寄回或傳真本公司，收到您的寶貴意見後，我們會收藏記錄及檢討，謝謝！如您需要了解本公司最新出版書目、購書優惠或企劃活動，歡迎您上網查詢或下載相關資料：http:// www.showwe.com.tw

您購買的書名：_____

出生日期：_____年_____月_____日

學歷：□高中 (含) 以下　　□大專　　□研究所 (含) 以上

職業：□製造業　□金融業　□資訊業　□軍警　□傳播業　□自由業
　　　□服務業　□公務員　□教職　　□學生　□家管　　□其它_____

購書地點：□網路書店　□實體書店　□書展　□郵購　□贈閱　□其他

您從何得知本書的消息？

　□網路書店　□實體書店　□網路搜尋　□電子報　□書訊　□雜誌
　□傳播媒體　□親友推薦　□網站推薦　□部落格　□其他_____

您對本書的評價：(請填代號　1.非常滿意　2.滿意　3.尚可　4.再改進)

　封面設計____　版面編排____　內容____　文／譯筆____　價格____

讀完書後您覺得：

　□很有收穫　□有收穫　□收穫不多　□沒收穫

對我們的建議：_____

_____

_____

_____

11466
台北市內湖區瑞光路 76 巷 65 號 1 樓
獨立作家讀者服務部　　　收

···

（請沿線對折寄回，謝謝！）

姓　　名：＿＿＿＿＿＿＿＿　年齡：＿＿＿＿　性別：□女　□男

郵遞區號：□□□□□

地　　址：＿＿＿＿＿＿＿＿＿＿＿＿＿＿＿＿＿＿＿＿＿＿＿

聯絡電話：(日)＿＿＿＿＿＿＿＿＿(夜)＿＿＿＿＿＿＿＿＿＿

E-mail：＿＿＿＿＿＿＿＿＿＿＿＿＿＿＿＿＿＿＿＿＿＿＿